노자 **도 덕 경**

삶의 방향을 밝히는 천문지리서
노자 도덕경

초판 1쇄 발행 2022년 4월

저　자: 황병덕
발행인: 황병덕
발행처: 도서출판 큰숲
(신고번호 제 2017-13호)

주　소: 경기도 광주시 초월읍 경충대로 1127번길 55 초월이편한세상 102-901
전　화: 070 8286 4168
팩　스: 070 8286 4168
이메일: hbd38@naver.com

편집디자인: 이정아 backdum4@naver.com
삽　화: 이세린 sellinl@naver.com

(주문) 이메일: hbd38@naver.com (교보/알라딘)

정　가: 16,800원
ISBN: 979-11-961765-1-8 (03240)

* 무단복제 및 전재를 금함.

삶의 방향을 밝히는 천문지리서

노자 도덕경

역주 松元 황병덕

도서출판 큰숲

머리말

도(道)를 옥편에서 찾아보면 길, 이치, 도리, 근원, 우주의 본체 등 다양한 의미를 발견할 수 있다. 도의 소전체(小篆體)는 갈 행(行) 속에 머리 수(首)를 집어넣은 모양을 지니고 있다. 즉, 어떤 머리를 지닌 것이 앞을 향하여 나아가는 형상이다. 일반적 도(道)의 한자도 천천히 갈 착(辶)과 머리 수(首)가 결합한 문자로서 천천히 머리를 향하고 어디론가 간다는 의미이다. 이러한 측면에서 보면 도(道)는 머리를 지닌 물체가 길에서 가는 것을 의미한다. 도(道)는 그냥 길이 아니라 특정 물체가 궤도를 운행하는 것이 바로 도이다.

도(道)는 우주의 본체, 근원 등의 의미를 지니고 있다. 공자가 논어에서 아침에 도를 들으면 저녁에 죽어도 좋다(朝聞道 夕死可矣)고 한 말은 실상 도가 올바르고 참된 삶을 살아가기 위한 진리이자 길이라는 의미를 함축하고 있다. 올바른 삶을 살아가기 위한 길이라는 측면에서 사람들의 행위가 도의 이치에 합당하다는 의미로서 도리(道理)라는 개념을 쓰기도 한다. 해결책을 찾는다는 의미에서 방도(方道)는 어떤 길을 가야할지 방향을 모색한다는 말이다.

이처럼 도(道)와 관련된 말들이 많이 있다. 그러나 실제로 도

(道)의 대상에 대해서는 막연하게 추측은 할 수 있지만, 도(道)의 실체는 실질적으로 드러난 것이 없는 형이상학적 대상이다. 보이지 않지만 만물의 배후에서 작용하면서 만물의 흥망성쇠, 길흉화복 등 모든 것을 관장하고 있는 형이상학적 물체가 바로 도(道)이다. 주역 계사전에서도 "형이상학적인 것을 일컬어 道라고 이른다. 형이하학적인 것은 도가 체현된 그릇으로 일컫는다(形而上者謂之道 形而下者謂之器)"고 말하고 있다.

도덕경은 이러한 도(道)를 다루고 있는 도교의 최상의 경전이다. 도덕경에 흐르는 내재적 논리를 축약하면 다음과 같다.

도(道)에는 우주 하늘에서 움직이는 천도(天道)가 있다. 이 천도는 아홉 가지의 특정 기운이 혼성되어서 흐르는 길이다. 여기에 움푹 들어간 자리가 혈(穴)로서 구성(九星)이 흐르는 도의 기운이 응집되어 있다. 만물을 만드는 혈(穴)이 있고, 만물의 혼(魂)이 담겨져서 움직이는 혈(穴)도 있다. 도덕경에서는 이러한 혈을 작은 것(小), 공(孔), 와(窪)로 표현한다. 이 혈안에 들어가 있는 것을 도덕경에서는 유전체(genome) 상(象), 유전자(gene) 정(精), 세포소기관 물(物), 핵소체 신(信) 등으로 표현하고 있다. 특정 물질이 들어 있는 혈이 구성이 흐르는 길(道)에 따라 움직이는 것이 바로 道인 것이다.

지상 땅에도 기운이 흐르는 맥을 풍수에서는 용맥이라고 한다. 이 용맥은 구성이 흐르는 지도(地道)이다. 이 지도(地道)에는 천도와 마찬가지로 구성(九星) 기운이 응축되어 있는 곳이 있다. 이것이 바로 땅의 혈(穴)이다. 이 수많은 혈에는 만물의 혼(魂)이 기거하면서 천지 자연 기운을 수취한다. 이러한 지도(地道)에는 풍수적 음양택(묘·집) 가문 관장 혈, 국가 관장 혈, 세계 관장 혈 등 수많은 종류의 혈이 있다.

사람과 같은 고등생명체의 육체에는 도(道) 또는 길로 표현할 수 있는 12경락이 있다. 이 곳에는 하늘과 땅의 제반 혈들로부터 오는 구성 기운을 받아들이는 수많은 혈(穴)이 있다. 이 기운을 가지고 사람들은 육체적 생명도 이어가고, 각종 직업 종사, 부귀, 인간관계, 학문 등 수많은 활동을 이어 나간다.

이러한 천도(天道), 지도(地道), 인도(人道)에 있는 수많은 개별 혈들이 존재하면서 인간의 신체 건강과 각종 활동을 만드는 원천이 된다. 사람들은 보통 자신 신체와 머리의 뇌에서 모든 것이 만들어진다고 생각을 한다. 그러나 도덕경에서는 인간에게 영향을 미치는 형이상학적 도·혈이 우주 하늘, 땅, 신체 자체에 있으면서 건강 및 각종 활동을 만드는 원천이 된다고 말한다. 이러한 수많은 혈들에는 영혼(靈魂)이 깃들어 있다. 인간의 영혼은 자신 몸에만 존재하는 것이 아니라 하늘, 땅, 육체 구성 세포 등에 산재하고 있다.

도덕경은 사람들의 마음자세와 행위는 하늘의 도·혈, 땅의 도·혈, 신체의 도·혈에 지대한 영향을 미친다고 말한다. 심장 위에 있는 심혈(心穴)은 모든 도·혈과 연결되어 있으면서 마음을 관장한다. 인간이 특정 마음을 갖고 행위를 하면, 이러한 심혈 작용에 영향을 주기 때문에 마음과 행위는 궁극적으로 인간의 길흉화복을 관장한다고 말한다. 인간 화복(禍福)의 행위자는 실제로 자신인 셈이다.

이러한 차원에서 도덕경은 적덕, 겸손하고 청정한 마음, 지족(知足) 등의 무위(無爲)를 강조한다. 단순히 이것은 윤리적 차원이 아니라 우주 도와 혈의 작동 원리에서 유추해낸 강제성이 있는 행동강령 진리이다. 반대의 행위를 하면 일의 성취도 어려울 뿐만 아니라 흉한 일도 발생한다는 차원의 유위(有爲)내지 감위(敢爲)를 무위(無爲)의 반대 개념으로 언급한다.

도덕경은 포착하기 어려운 혼(魂)이 혈과 세포에 존재하면서 길흉화복을 만들어내는 구조까지도 상술해 놓았다. 분자생물학적 분석을 뛰어 넘는 과학성으로 무위(無爲)를 도출해 내고 있다. 도덕경의 무위는 아무것도 하지 않는 행위가 아니다. 무위(無爲)는 적덕, 마음 수양 등을 지칭하는 말이다. 이러한 무위를 행해야 인간의 건강과 함께 일의 성취를 이룰 수 있다는 의미이다.

도덕경은 철두철미하게 현실적인 책이다. 신체 건강은 물론, 사람들이 하려는 일의 성취에 주안점을 두고 있는 책이다. 이러한 목적으로 우주의 본원, 도·혈의 작동원리, 도·혈의 성격과 인간과의 관계, 도·혈의 변동과 만물의 변화 등 객관적 원리를 우선적으로 논한다. 그 다음으로 도·혈의 작동에 변화를 주는 적덕, 겸손하고 청정한 마음 등의 무위(無爲)와 더불어, 무위와 반대되는 유위(有爲)를 거론한다.

이러한 적덕, 겸손하고 청정한 마음 등의 무위가 최고도로 도달한 사람이 바로 성인(聖人)이다. 우주의 이치를 깨달은 성인은 무위로 천하를 관장하는 도·혈을 얻고, 이것이 미흡하다면 각종 도와 혈까지도 개선하여 천하를 태평스럽게 다스린다고 말한다. 반면, 도의 원리를 모르는 일반인들은 무리하게 일을 도모하고, 도와 배치되는 과욕을 부리고, 덜어내기 보다는 보태는 유위(有爲)내지 감위(敢爲)를 행하여 매사 힘든 삶을 영위한다고 지적한다. 그리하여 노자는 사람들에게 도의 원리를 이해하고 이에 맞추어 살 것을 주문한다.

특히 만물을 낳는 도(道)의 원리에는 만물을 기르는 덕(德)의 원리가 내재되어 있다고 말한다. 이 덕은 공공선이라고 하면서 공공선을 지향해야 영혼이 진화·발전한다고 기여한다고 말한다. 또한 영혼의 진화는 하늘의 뜻이고, 이것은 바로 자연원리라고 말하면서 인간의 삶을 윤회 차원에서 논의한다. 도덕경에서는 부정적 의미의 윤회가 아니라 영혼 진화에 필요한 긍정적 의미의 윤회를 언급하고 있다. 삶이 부정적인 것이 아니라 영혼 진화에 있기 때문에 주어진 천명에 맞게 잘 살면서 영혼 진화를 도모해야 한다는 것이 바로 자연 원리라고 말하고 있다.

더욱이 세상만사는 모두 도와 혈이 결정한다고 언급하면서 개인, 가문, 지역, 국가, 세계(천하)까지도 흥망을 관장하는 도와 혈이 있다고 말한다. 도의 원리를 아는 성인은 뛰어난 덕성으로 무욕, 정신 수양, 기본욕구 충족 등 무위의 자세와 행위를 먼저 하면서 백성들을 다스려야 한다는 도·혈의 원리를 논하고 있다.

이러한 차원에서 보면 도덕경은 천문·지리·인사에 관한 책이다. 하늘의 원리, 땅의 원리, 사람들의 행동 원리 등 최고의 진리를 초과학적 우주 원리에 입각하여 담아낸 책이다. 따라서 도덕경은 인류가 보유하고 있는 어떠한 책보다도 진리의 측면에서 최상의 위치를 점하고 있다고 생각된다.

도덕경이 어떻게 기술되어졌고, 나중에 어떠한 과정으로 그 내용이 변화되어 온 것에 대해서는 필자는 잘 알지 못한다. 이 책에서 사용하고 있는 본문 내용은 왕필 본에 가깝다. 천문지리적 시각에서 보면, 여러 가지 도덕경 판본 간의 작은 자구(字句) 차이는 해석에 있어서 커다란 논리적 지장을 준다고 보지 않는다.

원래 도덕경은 81장, 도경(道經)과 덕경(德經)으로 분류되어 있다. 도경과 덕경으로 나눠져 있지만, 실제 내용을 살펴보면 이 분류방식에 실제 합치되지 않는 부분이 많이 있다. 따라서 이 책에서는 독자의 이해를 돕기 위하여 목차를 달고 총 7장으로 재분류했다.[1]

---

1) 도덕경 원래의 각 장은 본서의 각장 뒷부분에 기술해 놓았다.

도덕경을 천문 지리적으로 해석한 것은 필자가 20여 년 넘게 천문지리 분야에 많은 시간을 쏟은 결과이기도 하다. 천문지리 안목으로 보면, 암호화되어 있는 도덕경 문구는 논리정연하게 해독이 가능해진다. 필자의 시각에서 보면, 도덕경 문구 어느 것 하나도 진리에 어긋나는 것이 없다고 감히 말할 수 있다.

특히 인간이 어디에서 와서 어디로 돌아가는가? 죽으면 모든 것이 끝인가? 이 세상에 온 목적은 과연 있는가? 이러한 삶과 죽음에 대한 근원적 문제에 관심을 지닌 사람들에게 도덕경은 올바른 해답을 준다. 인간들이 추구하는 건강, 부귀, 명예 등의 성취 여부도 도덕경을 올바로 이해하면 충분한 인식에 도달할 수 있다고 믿는다.

도덕경은 사람들에게 삶의 방향을 밝혀주는 지침서이다. 본서는 이러한 목적성에 어느 정도 부합하는 천문지리서라고 말할 수 있다. 인류의 삶과 문명 창달에 천문지리적 도덕경 역주가 조금이나마 보탬이 되었으면 하는 마음이다.

2022년 경기도 광주 백마산 산록에서

세상의 봄을 기다리면서

松元 황병덕

목차

1. 도(道)의 대원리

1.1. 도(道)의 기본적 성격 ... 17
제1장 도(道)의 종류와 혈(穴)의 역할: 구성(九星)과 천문 (1) ... 17
제2장 도(道)의 운행과 만물의 생성 원리 (40) ... 23
제3장 혈(穴)의 주재자 곡신(谷神)과 혈의 유용성 (6) ... 25
제4장 만물 생성 혈의 종류와 사대(四大) (25) ... 27

1.2. 혈(穴)의 작동원리와 특성 ... 31
제5장 혈(穴)의 작동원리와 역할: 불영(不盈)·화광(和光) (4) ... 31
제6장 대도(大道)와 대혈의 고유 특성: 보상 없는 작용 (34) ... 35
제7장 혈 작동의 객관성과 우주 합일 방법: 취혈(取穴) (56) ... 38

1.3. 도(道)의 원리와 혈(穴)의 운용 ... 43
제8장 도(道)의 원리와 천망(天網) (73) ... 43
제9장 회룡(回龍)으로서 도(道)의 형태와 천하혈의 특성 (22) ... 46
제10장 도(道)와 혈(穴)의 변화 (23) ... 50
제11장 흉한 구성(九星) 용맥의 비도(非道): 도간(道竿) (53) ... 53

1.4. 도(道)와 인간 삶의 목적 ... 56
제12장 혈(穴)의 형이상학적 구조와 윤회 본원혈 (14) ... 56
제13장 인간의 복명(復命)과 윤회의 목적 (16) ... 61

2. 혈(穴)의 구조와 세포의 구성물질

제14장 혈(穴)과 세포의 기본 구조 (11) ... 67
제15장 혈(穴)과 세포의 구성물과 기관 명칭 (21) ... 70
제16장 세포의 구조와 작동 원리 (2) ... 75
제17장 신(神)과 혈·세포 영역 (29) ... 79
제18장 적덕·패덕과 세포 작동의 상이성 (17) ... 83

3. 도(道)·혈(穴)의 변동과 인간 자세

3.1. 도(道)·혈(穴)의 성격과 인간 자세 ... 89
제19장 도(道)·혈(穴)의 내외적 성격: 형태·기능·위치·처신 (41) ... 89
제20장 도·혈(道·穴)의 기본 기능: 일의성취·면죄 (62) ... 95
제21장 도·혈의 작동원리와 인간 자세 (45) ... 98

3.2. 기운의 유강(柔强)과 손익관계 … 101

제22장 기운의 유약성과 무위(無爲)의 유익성 (43) … 101
제23장 기운 유강(柔强)의 생사론(生死論) (76) … 103
제24장 강(强)을 이기는 수(水)의 유약성 (78) … 105
제25장 수(水)의 최고덕목 상선(上善): 부쟁지덕(不爭之德) (8) … 108
제26장 유약한 구성의 도(道)와 강한 구성의 부도(不道) (30) … 111

3.3. 도·혈(道·穴)의 변동과 만물의 변화 … 115

제27장 운(運) 변화와 만물 명멸(明滅)간의 상관관계 (5) … 115
제28장 면역천문과 반대천문: 화복(禍福)의 길항 작용 (58) … 118
제29장 혈(穴)의 변동과 세상의 변화 (18) … 122
제30장 혈(穴) 기운의 변화 대비 처신: 겸양 (39) … 125

4. 덕(德)의 원리와 형태

4.1. 덕(德)의 원리: 보상을 바라지 않는 생육(生育) … 131

제31장 만물을 낳는 도(道)와 만물을 기르는 덕(德) (51) … 131
제32장 최고의 덕으로서 자애(慈愛) (67) … 135
제33장 적덕(積德)의 우주 원리: 덜어내는 손(損) (77) … 139
제34장 적덕으로서 재산증식 (81) … 143

4.2. 덕행(德行)의 방식과 제 형태 … 146

제35장 덕(德)의 원리에 배치되는 덕행(德行)의 제 형태 (24) … 146
제36장 각종 덕행(德行)의 형태와 음덕혈 동정 (54) … 149
제37장 실덕(失德)과 도·덕·인·의·예(道·德·仁·義·禮)의 변모 (38) … 153
제38장 적덕(積德)의 부족 현상과 덕행 방식 (10) … 158

5. 혈(穴)의 제 형태와 역할

5.1. 천하혈의 제 형태와 개선방법 … 163

제39장 세상 관장 천하 모자혈(母子穴)과 유지 방법 (52) … 163
제40장 천하혈로서 강해(江海): 부쟁지덕(不爭之德) (66) … 167
제41장 천하혈로서 자미원국 (35) … 170
제42장 천하혈의 소박성(素樸性)과 무위의 통치 (37) … 173

5.2. 천하혈의 작동 원리와 국가제도 ... 176
제43장 적덕으로 천하 제 혈 획득과 국가제도 제정 (28) ... 176
제44장 천하혈의 시간적 제한성과 세상 제도의 변화 (32) ... 181
제45장 국가혈 기운 제고 개선책 강구 (80) ... 184
제46장 음택과 천하혈 (59) ... 187

5.3. 천하혈과 국제관계 ... 190
제47장 대국과 소국 관계: 기운의 음양 관계 (61) ... 190
제48장 국제관계 기운의 유강(柔强) 인식 (36) ... 194

6. 도(道)와 성인(聖人)

6.1. 성인과 적덕 ... 201
제49장 사사로움 없는 성인의 덕성 (7) ... 201
제50장 성인의 두터운 석덕과 천하의 의탁 (13) ... 204
제51장 백성 기운과 성인의 통치 기운 (49) ... 207
제52장 흉신과 성인의 적덕 (60) ... 210
제53장 천도(天道)와 성인의 덕성(德性) (79) ... 213

6.2. 성인의 천문지리 능력과 혈(穴) 작동 개선 ... 215
제54장 도(道)와 천문지리 (15) ... 215
제55장 높은 적덕과 성인의 천문지리 능력 (27) ... 219
제56장 재난 방지 목적의 혈 작동 개선 (64) ... 223
제57장 성인의 천문지리 능력과 가르침 (47) ... 228

6.3. 성인의 태도와 치세 ... 230
제58장 치세를 위한 성인의 자세 (3) ... 230
제59장 성인의 치세 자세: 무위·수양·무욕 (57) ... 234
제60장 성인의 치세 자세: 기본욕구 충족 (12) ... 238
제61장 백성 존중의 성인 태도 (72) ... 240
제62장 성인 치세의 방식과 제도 (65) ... 243
제63장 천하혈과 성인의 치세 (19) ... 247

7. 도·혈(道·穴)과 인간과의 관계

7.1. 도(道)에 대한 무지(無知) — 253
- 제64장 우주 원리 이해의 필요성 (71) — 253
- 제65장 도(道)의 원리에 대한 인간의 무지 (70) — 255

7.2. 도(道)와 정신 수양 — 258
- 제66장 도(道)의 원리에 따르는 태도: 밝음·지족·영혼진화 (33) — 258
- 제67장 도(道)와 부합되는 마음의 자세: 중(重)·정(靜) (26) — 261
- 제68장 도(道)의 원리 구현 품행: 지족(知足)·지지(知止) (44) — 264
- 제69장 도(道)의 원리에 부합하는 태도: 지족(知足) (46) — 268

7.3. 도·혈(道·穴)과 인간 행위 — 270
- 제70장 도(道)와 부합되는 인간 품행: 낮추고 덜어내는 덕행 (42) — 270
- 제71장 덜어내는 품행과 천하 경영 (48) — 274
- 제72장 보조성(사소한 일)과 일의 성패 (63) — 276
- 제73장 피흉추길(避凶趨吉)과 진혈(眞穴) (20) — 280
- 제74장 도(道)의 원리와 과욕에 의한 통치행위 (75) — 285
- 제75장 도(道)의 원리에 반하는 행위 (9) — 287
- 제76장 살인 행위와 흉한 부도(不道) (74) — 290

7.4. 신체 건강과 노화의 부도(不道) — 292
- 제77장 두터운 생명기운과 건강 (50) — 292
- 제78장 건강의 道와 노화의 부도(不道) (55) — 297

7.5. 도(道)의 원리와 전쟁 수행 — 301
- 제79장 군사에 대한 인식 문제와 전쟁수행 태도 (31) — 301
- 제80장 무위(無爲)의 용병(用兵)과 전쟁수행 자세 (69) — 305
- 제81장 장수의 전쟁 덕목: 부쟁지덕(不爭之德) (68) — 309

색인 — 311

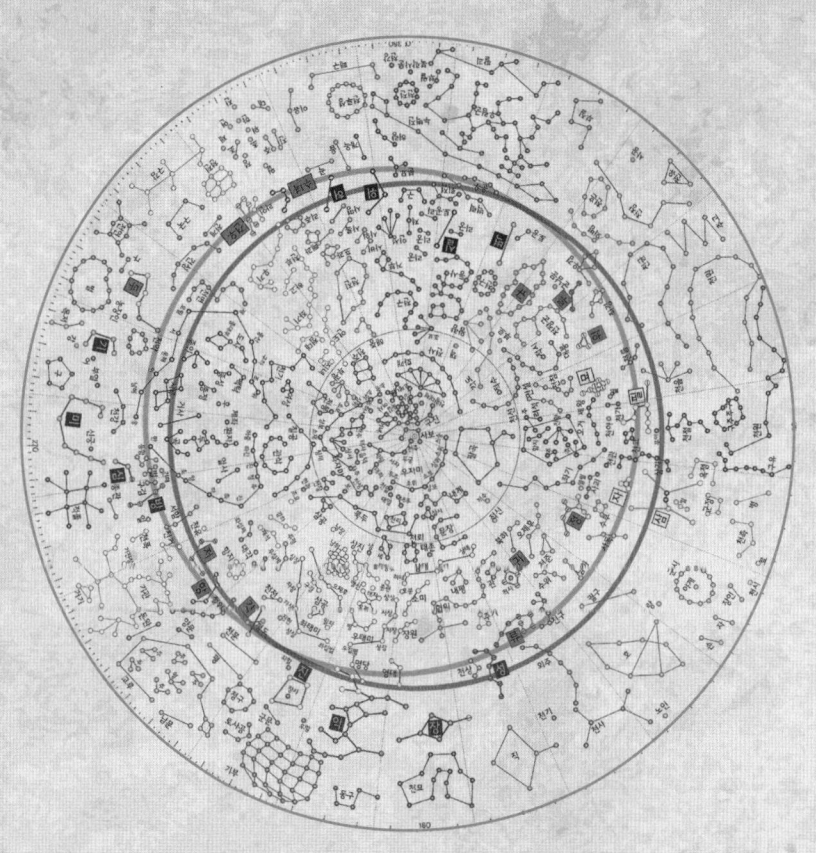

1
도(道)의 대원리

나의 길

1.
도(道)의 대원리

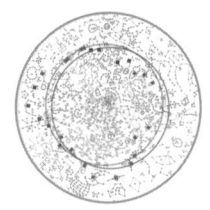

1.1. 도(道)의 기본적 성격

제1장 도(道)의 종류와 혈(穴)의 역할: 구성(九星)과 전문 (1)

道可道, 非常道. 名可名, 非常命.
도가도 비상도 명가명 비상명
<도는 도일 수 있지만, 항상 도가 아니다. 도가 이름이 있을 수 있지만, 항상 이름이 있는 것은 아니다>

無名天地之始, 有名萬物之母.
무명천지지시 유명만물지모
<이름 없는 도는 천지의 시초가 되고, 이름 있는 도는 만물의 어머니이다>

故常無欲以觀其妙, 常有欲以觀其徼.
고상무욕이관기묘 상유욕이관기요
<따라서 욕심이 없으면 항상 그 묘함을 관찰할 수 있지만, 욕심이 있으면 항상 그 변방만을 볼 따름이다>

此兩者同出而異名.
차 량 자 동 출 이 이 명
<이 두 가지는 동일한 것을 내보내지만, 다른 명칭을 가지고 있다>

同謂之玄, 玄之又玄, 衆妙之門.
동 위 지 현   현 지 우 현   중 묘 지 문
<이 한 가지를 일컬어 도(道)와 혈(穴)로 부른다. 도·혈은 이동하고 또 다른 도·혈도 이동한다. 엄청난 묘함이 있는 문이다>

徼(요) : 변경. 변방의 경계.
玄(현) : 천지만물 등의 근원으로서 도(道)와 혈(穴).

의역 구성(九星) 기운이 흐르는 도(道)는 道일 수 있지만 항상 생명체에 이로움을 주는 道가 아니다. 이러한 道에 맺혀진 혈은 명칭이 있을 수 있지만, 사람이 아직 인식 부족으로 인해 불리는 명칭이 없기도 한다.

이름이 없는 혈(穴)은 천지를 만드는 최초의 穴이다. 명칭이 있는 혈은 만물을 양육하는 근원 穴이다. 따라서 욕심이 없는 무념무상의 상태로 살피면 그 도(道)와 혈(穴)의 오묘함을 항상 관찰할 수 있다. 그러나 욕구가 있는 상태로 보면, 단지 그 변두리만 볼 수 있을 뿐이다.

이 양자, 즉 무명혈(無名穴)과 유명혈(有名穴)은 기(氣)라는 동일한 물질을 생출한다. 그러나 무명혈은 구성기운, 유명혈은 구성을 기반으로 생성되는 천문물질 등 서로 다른 물질을 생출한다. 한가지로 말하여 모두 우주의 도(道)와 혈(穴)이다. 우주 이름 없는 도(道)와 혈(穴)은 우주 궤도를 운행하고, 또한 이름 있는 도와 혈도 우주 궤도를 따라 움직인다. 모두 만물이 사용하는 물질을 만들어서 내보내는 상상을 초월하는 오묘한 문이다.

보기 해석 이 장은 도(道)의 기본개념과 도의 종류는 물론, 도의 역할과 기능을 논하고 있다. 사람들이 도덕경(道德經)을 대할 때 제일 접근하기 어려운 것이 바로 도(道)의 개념이다.

도(道)란 우주에서 탐랑성, 거문성, 녹존성, 문곡성, 염정성, 무곡성, 파군성, 좌보성, 우필성 등 구성(九星) 기운이 특정 궤도를 따라서 독립적으로 또는 여러 구성 기운이 섞어져서 흐르는 곳이다. 이러한 궤도를 도덕경에서는 길이라는 의미에서 도(道)로 사용하고 있다. 그러나 탐랑, 거문, 무곡, 좌보, 우필 등은 길성(吉星)이므로 도(道)라고 말하였다. 그러나 녹존, 문곡, 염정, 파군 등은 흉성(凶星)에 속하기 때문에 도가 아닌 비도(非道)라고 말하고 있다.2)

구성기운이 흐르는 도(道)에 움푹 들어가서 기운이 모여 있는 곳을 혈(穴)이라고 말한다3). 태초에 천지를 생성하고 이 천

---

2) 녹존, 문곡, 염정, 파군 등에는 나쁜 기운이 흐르지만, 이 흉성도 탐랑, 거문, 무곡, 보필 등이 부가되면, 좋은 기운으로 변화한다. 이것을 일컬어 천문지리에서는 변성(變星)이라고 말한다.
3) 성경에도 혈과 유사한 궁창(穹蒼)이라는 표현이 있다. "하나님이 이르시되 하늘의 궁창에 광명체들이 있어 낮과 밤을 나뉘게 하고 그것들로 징조와 계절과 날과 해를 이루게 하라" 성경 창세기.

지에 지금도 근원적 기운을 제공하는 혈(穴)은 사람들이 아직 인식하지 못해서 이름이 없는 무명 혈(穴)이라고 지칭하고 있다.4) 반면, 예컨대 한의학에서 소상, 태연, 태충, 태계혈 등은 물론, 정목혈, 형화혈, 원혈 등은 만물을 양육하는 것으로서 이름이 있는 혈이라고 말하고 있는 것이다.

이 두 종류 혈은 모두 기(氣)를 만들어서 내보내고 있다. 그러나 무명 혈은 오로지 구성 기운만을 만들어서 내보낸다. 반면, 유명 혈은 무명 혈의 구성 기운을 기반으로 우주 성진 천문 기운을 받아서 만물이 사용하는 물질을 만들어서 내보낸다. 기(氣)라는 측면에서 이 두 종류 혈은 같은 것을 내보낸다. 그러나 그 내용이 다르다는 의미에서 "이 양자는 같은 것을 내보내지만 그 이름이 다르다(此兩者同出而異名)"라고 말하고 있는 것이다.

즉, 이 두 종류의 것은 우주의 구성 기운이 운행하는 우주 道에 맺혀져 있는 혈이다. 이 혈들은 구성이 있는 궤도상에서 모두 운행을 한다. 그러면서 만물이 사용할 수 있는 수많은 기운을 만들어서 내보내는 문호로 기능한다고 언급한다.

그러나 이러한 구성이 흐르는 도(道)에 맺혀 있는 혈(穴)은 심안을 갖춘 사람에게는 마음을 비우고 살피면 보일 수 있으나, 그

---

4) 또한 세계 및 국가를 관장하는 혈, 가문을 관장하는 혈, 인간 자체를 관장하는 천지 혈 등도 사람들의 인식 범주에서 벗어나 있어서 무명의 혈에 속한다.

렇지 않는 사람들에게는 관찰할 수 없는 대상이다. 따라서 예전부터 道는 형이상학 영역에 속한다고 전해진다. 우주의 혈은 인간의 눈으로는 보이지 않고 그 구조도 쉽게 파악되지 않는다. 그러나 우주의 혈은 만물을 만들고 관장하는 근원으로 작용한다.

도덕경에서의 도(道)와 혈(穴)의 실체와 원리

도덕경에서 말하는 도(道)는 어디에 존재하는가?

우주공간에는 구성 기운이 흐르는 천도(天道)가 있고, 지상에는 풍수지리에서 용맥(龍脈)으로 부르는 지도(地道)가 있다. 사람 인체에도 경락으로 지칭되는 인도(人道)가 있다.

구성(九星)이 흐르는 천지 궤도에서 움푹 들어간 자리가 바로 혈(穴)로 일컬어진다. 도덕경의 다른 장에서는 이 혈(穴)은 곡(谷), 빈(牝) 등으로 표현된다.

도(道)에 흐르는 구성 기운이 응집되어 있는 혈(穴)은 도덕경에서 소(小), 즉 작은 것으로, 그 속에는 상(象), 정(精), 물(物), 신(信) 등이 있는 것으로 말한다.

따라서 구성기운이 응집된 혈(穴)은 하늘, 땅, 사람 몸에 모두 존재한다. 하늘에 존재하는 혈(穴)은 천혈(天穴), 땅에 존재하는 혈(穴)은 지혈(地穴), 신체에 존재하는 혈은 인혈(人穴)로 불린다. 지상 땅위에 존재하는 혈(穴)은 크기가 30cm 정도에 불과하다. 그 속에는 사람 세포에 있는 것과 같이

상(象)으로 일컬어지는 유전체(genome), 정(精)으로 표현된 유전자(gene), 물(物)로 상징되고 있는 세포소기관, 신(信)으로 표현되는 핵소체 등이 존재한다(아래 穴의 구조와 세포의 구성물질 부분 참조).

예컨대 사람들의 영혼(靈魂)은 하늘의 수많은 천혈, 땅의 수많은 지혈, 몸의 많은 혈에 모두 동시에 존재한다. 최종적으로 인간 신체 혈에 각종 혈 기운이 전달되어 필요물질을 생산함으로써 직업, 취미, 인간관계, 건강 등을 유지해 나간다. 도덕경에서는 이러한 천지인도(天地人道) 4개를 4대(大)로 표현한다.

이러한 우주에 산재되어 있는 제반 혈들은 그 기운이 고정되어 있는 것이 아니라 인간의 수양, 적덕, 처신 등에 의하여 그 기운이 변화된다. 경우에 따라서 제반 혈(穴)들은 변화된 기운에 상응하는 곳으로 이동하기도 한다. 이러한 각종 기운에 의해 해당 유전자가 작용하면서 건강, 직업, 명예, 재물 등에 대한 활동이 자연적으로 이루어지는 것이다. 이러한 과정을 노자는 자연적인 무위(無爲)로 표현한다.

이러한 작동 원리를 인식한 노자가 한편으로는 도·혈의 객관성을 논하면서도, 다른 한편으로는 이 도·혈의 변화를 관장하고 주재하는 것이 인간의 수양, 처신, 적덕 등의 인간 행위라고 도덕경에서 강조하고 있다..

제2장 도(道)의 운행과 만물의 생성 원리 (40)

反者道之動, 弱者道之用.
반 자 도 지 동   약 자 도 지 용
<반대되는 구성·오행이 작용하면, 도는 움직여진다. 구성·오행이 약하게 되면 도가 쓰이게 된다>

天下萬物生於有, 有生於無.
천 하 만 물 생 어 유   유 생 어 무
<천하의 만물은 유(有)에서 생겨났고, 유는 무(無)에서 다시 생겨 났다>

의역 충극(衝克) 구성이나 구성 내부의 상극 오행이 강하게 작동하면, 도(道)가 스스로 운행을 한다. 충극 구성이나 구성 내부의 상극 오행이 약하게 작용하면, 비로소 그 도(道)의 구성 기운은 사용될 수 있다.

천하의 만물은 우주 성진(星辰)(有)으로부터 기운을 받아서 생성된다. 그렇지만, 이러한 우주 성진도 우주의 보이지 않는 본원혈(本元穴)(無) 구성 기운으로부터 생겨난 것이다.

해석 이 장에서 노자는 도(道)의 운행 원리와 함께 만물의 생성 원리를 설명하고 있다.

여기에서 길로 표현되는 도(道)란 하늘에서는 구성기운이 흐르는 특정 궤도를 말하고, 지상에서는 구성기운이 흐르는 산의 용맥5)을 표현하는 말이다. 인간 신체에서도 구성 기운이 흐르는 길(道)을 경락이라고 표현한다.

이러한 각종 도(道)에는 탐랑, 거문, 녹존, 문곡, 염정, 무곡, 파군, 좌보, 우필성 기운이 흐른다. 이러한 구성 기운에는 다양한 오행 기운이 있다. 이 오행 기운은 서로 충돌하면서 여러 가지 기(氣) 알갱이를 움직이게 한다. 또한 녹존, 문곡, 파군 등의 구성은 우주 기운이 운행하는 도(道) 중간 중간에 생성·개입하면서 항상 도(道)에 구성 기운이 흐르도록 추동하고 있다.

우주 각종 도(道)에 구성 기운이 흐르는 것은 주된 구성을 충극하는 다른 구성과 구성 내부의 오행 기운이 있기 때문이다. 충극 구성이나 상충 오행이 작동하면 각종 道는 움직여지는 것이다.

이러한 구성기운이 점차 유약(柔弱)하게 흐르면서 각종 도(道) 위의 혈로 들어오면, 이 구성 기운은 청정한 기운으로 변화한다. 혈(穴)은 이 기운을 토대로 필요물질을 생성하여 만물에 공급한다. 그리하여 천지 만물은 비로소 혈에서 생성된 물질을 사용한다.

천지 만물은 우주 성진(有) 기운을 받아서 생성되고 유지·발전된다. 그러나 이러한 성진 역시 보이지 않는 우주 본원혈(無)에서 생성된 것이라고 노자는 피력하고 있다.

---

5) 용맥에는 땅 구성기운만이 흐르는 것으로 알려져 있으나, 우주 하늘의 천도 기운도 동시에 형성되어 있으며, 또한 천도와 지도의 기운이 합해져 만들어진 인도(人道)에도 구성기운이 흐른다. 천·지·인도(天·地·人道)가 바로 삼재(三才)이다.

제3장 혈(穴)의 주재자 곡신(谷神)과 혈의 유용성 (6)

谷神不死, 是謂玄牝.
곡 신 불 사   시 위 현 빈
<곡신은 죽지 않는다. 이것을 일컬어 현빈이라고 부른다>

玄牝之門, 是謂天地根. 綿綿若存, 用之不勤.
현 빈 지 문   시 위 천 지 근   면 면 약 존   용 지 불 근
<현빈의 문은 천지의 뿌리라고 말한다. 면면히 이어지면서 존속하는 것과 같다. 부지런하지 않더라도 그것을 쓸 수 있다>

牝(빈): 암컷. 음.
勤(근): 부지런하다. 바라다.

의역   혈에 존재하는 신(神)은 죽지 않는다. 이것을 일컬어 우주의 혈(穴)이라고 부른다. 우주 穴들의 문을 일컬어서 하늘과 땅을 만드는 근본이라고 말한다. 이러한 우주의 혈은 면면히 지속해 왔다. 만물은 혈의 기운을 부지런하지 않더라도 끊임없이 사용한다.

해석   이 장은 혈의 주재자로서 곡신(谷神)과 우주 혈의 유용성에 대하여 논의하고 있다.

도덕경에서 곡(谷)이나 빈(牝)은 도(道)에 구성 기운이 담겨져 있는 요(凹) 모양의 그릇으로서 혈(穴)을 의미한다. 이 혈은 자연적으로 그냥 작동하는 것이 아니라, 혈에 존재하는 신(神)들이 기운을 주관하면서 작동한다.

우주에는 수많은 기운이 있다. 이 자연 기운은 신(神)이 없으면 모두 생명체가 사용할 수 없는 무기(無機) 기운에 불과하다. 곡신(谷神)은 우주의 무기(無機) 기운을 유기(有機) 기운으로 전환시켜 주는 역할을 한다. 이 때문에 곡신은 사실상 혈의 주재자이다. 지상에 있는 혈(穴)에도 용신(龍神)이 있으면서 무기 기운을 유기 기운으로 전환시켜 준다.

인간은 예외 없이 우주 기운을 얻어서 삶을 영위한다. 그러나 인간과 같은 고등생명체들은 무기 기운인 우주 기운을 직접 섭취할 수 없다. 따라서 신들은 이 무기기운을 유기기운으로 전환시켜주는 역할을 한다. 그리하여 인간 몸은 물론, 도와 혈이 있는 모든 곳에는 수많은 신들이 작동하고 있다고 볼 수 있다.

도덕경에서 각종 신들이 주재하는 우주의 혈들은 현빈(玄牝)으로 일컫는다. 현빈의 문으로 기운을 받고 생성된 특정 기(氣) 물질을 밖으로 배출한다. 만물은 이 물질에 의지하여 활동을 하기 때문에 현빈(玄牝)은 천지를 만드는 뿌리가 된다고 말하고 있다.

더욱이 이러한 기운을 만드는 혈은, 우주가 존재하는 한, 지속적으로 존재해 왔다. 원하지 않아도 만물이 그 기운을 써도 다함이 없는 것으로 노자는 파악한다.

제4장 만물 생성 혈의 종류와 사대(四大) (25)

有物混成, 先天地生.
유 물 혼 성   선 천 지 생

<섞어져서 이루어진 물질이 있다. 먼저 하늘이 만들고, 그 다음 땅이 만든다>

寂兮廖兮!
적 혜 료 혜

<고요하도다! 공허하도다!>

獨立而不改, 周行而不殆, 可以爲天下母.
독 립 이 불 개   주 행 이 불 태   가 이 위 천 하 모

<독립적이라서 고칠 수 없으며, 주행하는데도 지치지 않는다. 천하의 어머니가 될 수 있다>

吾不知其名, 强字之曰道, 强爲之名曰大.
오 부 지 기 명   강 자 지 왈 도   강 위 지 명 왈 대

<나는 그 이름을 알지 못하지만, 굳이 말한다면 도라고 할 수 있다. 굳이 표현한다면, 위대하다고 말할 수 있다>

大曰逝, 逝曰遠, 遠曰返.
대 왈 서   서 왈 원   원 왈 반

<위대한 것은 움직인다. 움직이면 멀리 간다. 멀리 가면 다시 돌아온다>

故道大, 天大, 地大, 人亦大.
고 도 대   천 대   지 대   인 역 대

<따라서 도는 위대하고, 하늘(天穴)도 위대하고, 땅(地穴)도 위대하고, 사람이 쓰는 것(人穴) 역시 위대하다>

域中有四大而人居其一焉.
역 중 유 사 대 이 인 거 기 일 언

<구역 가운데 사대(四大)가 있고 사람이 사용하는 것(人穴)은 그 하나이다>

人法地, 地法天, 天法道, 道法自然.
인 법 지 지 법 천 천 법 도 도 법 자 연

<사람이 쓰는 것(人穴)은 땅(地穴)을 옮겨 만들었고, 땅은 하늘(天穴)을 옮겨 만들었고, 하늘(天穴)은 도를 옮겨 만들었고, 도는 자연을 옮겨 만들었다>

殆(태): 위태롭다.
逝(서): 가다.
法(법): 옮겨 쓰다. 베끼다.

의역 세상의 물질은 천지 기운이 혼합되어 만들어졌다. 하늘에 있는 천혈(天穴)이 먼저 물질을 만들고 그 다음 땅에 있는 지혈이 만물을 만든다. 고요하고 고요하도다! 우주 하늘에 있는 천혈(天穴)은 독립적이라서 운행궤도를 이동하지 않고 지치지 않고 주행한다. 그러므로 천하의 물질을 만드는 어머니가 될 수 있다.

나는 우주 본원혈 명칭을 알지 못한다. 그것을 굳이 말한다면 도(道)라고 부를 수 있다. 또한 굳이 이름을 붙인다면 큰 것(大)이라고 말할 수 있다.

우주 대혈(大穴)은 운행한다. 멀리 주행한다면, 다시 그 자리로 돌아온다. 따라서 道가 크다면 도의 구성기운이 들어가는 천혈(天穴)도 위대하고 지혈(地穴)도 위대하고, 인혈(人穴) 역시 위대하다.

지상 일정 구역에는 위에 언급한 네 종류의 위대한 것이 있는데, 사람이 활용하는 인혈(人穴)은 그 중 하나이다.

인혈은 지혈을 옮겨 만들었고, 지혈은 천혈을 옮겨 만들었고, 천혈은 도(道)를 옮겨 만들었다. 도는 우주의 원리대로 움직이는 자연을 옮겨 만들었다.

해석 이 장은 혈의 작동원리를 기반으로 만물의 생성 원리를 설명하고 있다. 이 경우 만물은 하나의 혈이 아니라 세 종류 혈의 기운으로 혼성되어서 만들어진다고 말한다. 이 세 종류 혈은 예부터 천지인(天地人) 삼재(三才)로 지칭되어 왔다.

먼저 우주 천혈(天穴)에서는 운기(運氣)가 작동하는 때에 맞추어 기운을 만들고, 그 다음으로 지혈(地穴)에서 활용 가능한 기운을 만든다. 천혈과 지혈에서 음양배합이 되지 못한 기운은 인혈(人穴)로 들어와서 물질을 생성한다. 그리하여 천혈, 지혈, 인혈 등에서 생성된 물질은 다시 인혈로 모인다. 이 물질은 인혈의 문으로 만물에게 지속적으로 내보내지면서 만물은 생명활동을 이어가는 것이다.

특히 우주 천혈은 궤도를 수정하지 않고 독자적으로 주행을 거듭한다. 상당 기간 동안 우주궤도를 돌다가 다시 원 위치로 돌아온다. 사람의 경우 행위에 의한 기운 변화에 따라 지상 지혈과 신체 인혈은 변화·이동한다.

그러나 우주 천혈은 변화·이동하지 않는다. 적덕·패덕 행위에 따라 주변 성진 가운데 길한 성진 또는 흉한 성진 기운을 수취하는 데에 그 차이가 있을 뿐이다. 덕이 많으면 흉한 성진 기운보다는 길한 성진 기운을 많이 수취한다. 반면 패덕 행위가 거듭되면 길한 성진보다는 흉한 성진 기운을 많이 수취해 간다.

이러한 모든 제반 혈들은 구성 기운이 흐르는 각종 맥(道)에 의하여 길흉이 결정된다. 길한 구성이 많은 영역일수록 각종 혈들의 기운은 좋아지고 흉한 구성이 있는 영역에서는 혈들의 기운은 나빠지기 쉽다. 이처럼 도(道)가 다른 것은 인위적인 것이 아니라 자연의 원리에 따른 것이다. 그리하여 도덕경에서는 천지인(天地人) 삼재(三才)에다가 도(道)를 포함하여 사대(四大)라고 지칭한 것이다.

여기에서 사대가 특정 구역을 의미하는 역중(域中)에 있다고 표현한 것은 지상 특정 구역, 약 몇 미터 이내 구역에 천혈, 지혈, 인혈, 용맥(道) 등이 실제로 존재하기 때문이다.

또한 이 장에서 人法地 地法天 등에서 法(법)이란 본받다는 말이 아니라 어떤 것을 베껴 만들었다는 의미이다. 예컨대, 인법지(人法地)에서 인혈은 지혈의 구조와 작동원리를 베껴서 만들어졌다는 내용을 지녔다.

1.2. 혈(穴)의 작동원리와 특성

제5장 혈(穴)의 작동원리와 역할: 불영(不盈)·화광(和光) (4)

道沖而用之或不盈.
도 충 이 용 지 혹 불 영
<도가 움직이면 그 기운을 사용하지만, 아마도 (혈에 기운이 완전히) 차 있지는 않다>

淵兮! 似萬物之宗.
연 혜 사 만 물 지 종
<조용하다! 만물의 본원인 것 같다>

挫其銳解其紛, 和其光同其塵.
좌 기 예 해 기 분 화 기 광 동 기 진
<(도는) 그 예리함을 없애고 그 분란을 해소한다. 광을 조화롭게 하여 그 먼지(만물)와 하나가 된다>

湛兮! 似或存.
담 혜 사 혹 존
<깊구나! (도·혈이) 있는 것 같다>

吾不知誰之子, 象帝之先.
오 부 지 수 지 자   상 제 지 선
<나는 (도·혈이) 누구의 자식인지 모른다. 상제보다 앞서 있다>

湛(담): 깊다.
象帝(상제): 유전체(象) 혼(魂)을 관장하는 하느님.

의역 道·穴이 움직이면서 음양교회(陰陽交會)로 화합(和合)을 하면, 생명체들은 혈(穴)의 생출 기운을 사용한다. 그렇지만, 혈 기운은 완전히 차서 넘치지 않는다. 혈은 만물을 만드는 근원이 된다.

길한 구성이 흘러 들어오는 혈(穴)은 생성한 물질로 다툼을 만드는 날카로움을 꺾고 세상의 분란을 해소한다. 신(神)들은 우주 화광혈(和光穴)에 의해 생성된 광(光)을 조화롭게 만들어서 수많은 생명체들에게 공급한다. 이 광을 공급받은 관계자들은 필요 생명물질을 생산하여 주변인들에게 공급함으로써 이들과 하나가 된다.

우주의 道에 존재하는 혈들은 그 속이 깊다. 어쩌면 그러한 혈이 실제 존재하는 것 같다. 나는 그러한 우주의 혈이 누구의 자식인지 알지 못한다. 우주 생명체를 관장하는 상제(象帝), 즉 하느님보다 먼저 생긴 것으로 생각한다.

해석 이 장에서 노자는 채우지 않는 불영(不盈) 등 穴의 작동 원리와 함께, 분란 해소 등 혈의 긍정적 역할에 대하여 논하고 있다.

혈이 잘 작동하려면 혈 기운이 80% 전후 채워져야 한다. 80% 이상 채우면, 혈은 작동하지 않고 흉기가 차게 된다. 이러한 자연적 원리가 도덕경 저변에 흐른다. 사람들이 혈 기운을 받기 위해서는 혈의 작동 원리에 따라 베풀고 덜어내야 유익하다고 역설한다.

속이 깊은 혈(穴)은 만물의 근원이 되면서 그 기운으로 다툼과 분란을 해소할 수 있는 것으로 파악한다. 화광혈(和光穴) 기운도 신(神)들에 의해 생명체들이 사용 가능하도록 조화롭게 만들어지고 만물에게 제공된다. 이 광(光) 기운을 받은 관계자들은 필요물질을 만들어서 주변 관계인들에게 제공함으로써 이들과 함께 한다고 말한다.

특히 이 장에서는 혈의 종류 가운데 빛을 발산하는 화광혈(和光穴) (퀘이사<quasar>:활동성 은하핵)을 간접적으로 거론한다. 여기에서 우주 혈을 분류한다면, 생명 물질을 생성하는 금목수화토(金木水火土) 오행혈이 주혈이다. 빛을 발산하는 화광혈(和光穴)은 오행혈에게 광(光)을 공급하면서 유전자 내부의 DNA의 활성화 내지 세포를 건강하게 유지시켜주는 역할을 한다.6) 화광혈의 빛도 생명체가 직접 사용할 수 없기 때문에 신(神)들이 조화롭게 만들어서 각종 천지혈에 공급한다.

반대로 블랙홀로 불리는 흑광혈(黑光穴)에서는 흉광(凶光)이 생성되어서 화광혈(和光穴)과는 반대로 작용한다. 흑광은 흉신에 의해 각종 천지혈에 공급된다. 이 흑광을 받은 생명체들은 흉한 유전자가 발동함으로써 건강이나 인사(人事) 등에 있어서 흉사(凶事)가 발생한다. 각종 종교 경전에서 빛과 어둠이라고

---

6) 유전자에는 유전정보가 담겨져 있으면서 단백질을 암호화하는 부분인 엑손(exon)과 비암호 부분인 인트론(intron)으로 구성되어 있다. 광(光)이 인트론에 들어가면 단백질 암호화 부분인 엑손을 활성화시킨다. 유전자 형질 발현이 좋을수록 유전자에서 인트론 부분이 크다.

표현하는 것이 바로 이러한 원리에 기반하고 있는 것이다. 불교 사찰에서는 실제로 인등(引燈)으로 광(光)을 끌어 당겨서 소원 성취를 발원하기도 한다.

특히 도덕경은 다른 특정 종교와 달리 하느님이 우주를 창조한 것이 아니라 우주 본원혈이 우주는 물론, 하느님까지도 만든 것으로 이해한다. 따라서 우주 생명체를 관장하는 상제(象帝)도 영혼이 최고로 진화·발전된 우주의 산물로 파악한다. 상제(象帝)에서 상(象)이란 생명체의 혼(魂)에 들어 있는 유전체이다. 그리하여 상제(象帝)는 생명체의 명운을 관장한다는 의미인 것으로 해석된다.

제6장 대도(大道)와 대혈의 고유 특성: 보상 없는 작용 (34)

大道氾兮! 其可左右.
대 도 범 혜   기 가 좌 우
<대도는 널리 미치는구나! 그것은 (만물을) 좌지우지할 수 있다>

萬物恃之而生而不辭, 功成而不有, 衣養萬物而不爲主.
만 물 시 지 이 생 이 불 사   공 성 이 불 유   의 양 만 물 이 불 위 주
<만물은 도에 의지하지만, 도는 만물을 생하는 것을 사양하지 않는다. 공을 이루되 소유하지 않고, 만물을 입히고 기르지만 주인이 되지 않는다>

常無欲, 可名於小, 萬物歸焉而不爲主,
상 무 욕   가 명 어 소   만 물 귀 언 이 불 위 주
<(대도는) 항상 욕심이 없고, 작은 것(穴)으로 형용할 수 있다. 만물이 귀의하지만, 주인이 되지 않는다>

可名爲大. 以其終不自爲大, 故能成其大.
가 명 위 대   이 기 종 부 자 위 대   고 능 성 기 대
<위대하다고 표현할 수 있다. 그로써 도는 끝까지 스스로를 위대하다고 하지 않는다. 그리하여 그 위대함을 이룰 수 있다>

氾(범): 널리 미치다.
恃(시): 의지하다.
辭(사): 사양하다.

의역 세상의 만물을 만드는 대도는 널리 미친다. 그것은 세상의 모든 것을 좌지우지할 수 있다. 만물은 그 대도가 만드는 기운에 의지한다. 대도에 만들어진 대혈(大穴)은 세상의 만물을

생하는 것을 주저하지 않는다. 대도에 만들어진 대혈은 만물을 만들고 기르는 공(功)을 세우되, 소유하지 않는다. 대혈은 만물에게 옷을 입히고 기르지만, 결코 주인으로 행세하지 않는다.

대혈은 항상 욕심이 없고, 작은 것이라고 말할 수 있다. 만물은 그러한 대혈에 의거하여 활동하지만, 대혈은 스스로 만물의 주인으로 행세하지 않는다. 그래서 위대하다고 표현할 수 있다. 그러나 대혈은 위대함에도 불구하고 스스로를 위대하다고 여기지 않기 때문에 능히 그 위대함을 이룬다.

해석 노자는 이 장에서 대도(大道)와 대혈(大穴)의 보상을 바라지 않는 고유 특성에 대해 논하고 있다.

대도(大道)에 흐르는 탐랑, 거문, 무곡, 좌보, 우필 등의 길한 구성이 혈을 만들면 대혈(大穴)이 생성된다. 녹존, 문곡, 염정, 파군 등의 구성이 흐르는 道는 항상 흉혈(凶穴)을 만든다.

만물은 조그만 대혈에 몸을 의탁하면서 기운을 받고 활동을 한다. 대혈은 만물을 만들고 기르지만, 자신을 자랑하지 않고 주인 행세를 하지 않는 등 보상 없는 작용 때문에 위대하다고 볼 수 있다.

사람들은 어떤 무엇인가가 운명으로 작동할 것이라고 생각한다. 그러나 이것이 구성기운이 흐르는 하늘의 도, 땅의 용맥, 신체의 道로서의 경락 등과 더불어, 이러한 도가 만든 혈에 의해 길흉화복이 만들어진다는 것은 전혀 상상하지 못한다. 도덕경 전반에 흐르는 저류는 바로 구성 기운이 흐르는 도와 혈에 의해 천지만물이 생성되고 명운이 만들어진다는 것이다. 따라서 인간이 건강을 유지하고 일을 성취하기 위해서는, 무엇보다도 도·혈 기운을 관리하고 유지하는 것이 필요한 것이다.

이를 위하여 우선 도덕경에서는 도와 혈의 특성을 논하면서, 이 도·혈의 기운으로 삶을 영위하는 인간들에게 이러한 도의 특성대로 살 것을 주문하고 있다. 도의 특성으로서 베풀지만 소유·주재하지 않고 자신을 낮추는 자세를 취하면, 사람들은 우주 도·혈의 기운을 받아서 뜻하는 바를 성취할 수 있다고 말한다. 저덕, 겸양 등의 태도는 윤리적으로 설정된 것이 아니라, 우주 도·혈의 작동 원리로부터 유추된 것이다.

이러한 도의 특성을 본받고 천하를 다스릴만한 덕을 이룬 사람이 도덕경에서는 바로 성인(聖人)으로 부른다. 따라서 성인은 바로 자신을 자랑하지 않고 공을 세우되 뒤로 물러서기 때문에 이러한 대도·대혈 기운을 받을 수 있다. 그리하여 이러한 기운을 가지고 천하를 취해서 백성들을 다스릴 수 있다고 보는 것이다.

그러한 까닭에 이 장은 인간의 수양, 처신, 적덕 등이 필요한 강제적 당위성과 필요성을 제공하는 장으로 볼 수 있다. 위에서 논한 덕목이 발휘되지 않으면, 필요 유전자 형질이 발현되지 않거나 유해 유전자가 작동되면서 하는 일이 성취되지 않고 해악이 발생되는 객관적 과학성을 전제하고 있는 것이다.

제7장 혈 작동의 객관성과 우주 합일 방법: 취혈(取穴) (56)

知者不言, 言者不知.
지 자 불 언   언 자 부 지
<아는 사람은 말하지 않고, 말하는 사람은 알지 못한다>

塞其兌, 閉其門,
색 기 태   폐 기 문
<그 구멍을 막고, 그 문을 닫아서>

挫其銳, 解其紛.
좌 기 예   해 기 분
<그 날카로움을 없애고 그 분란을 해소한다>

和其光, 同其塵.
화 기 광   동 기 진
<그 광을 조화롭게 만들어서 그 먼지와 같이 한다>

是謂玄同.
시 위 현 동
<이것을 일컬어 현동이라고 부른다>

故不可得而親, 不可得而疏.
고 불 가 득 이 친   불 가 득 이 소
<따라서 친하다고 해서 얻을 수 없고, 친하지 않다고 해서 얻을 수 없다>

不可得而利, 不可得而害.
불 가 득 이 리   불 가 득 이 해
<이롭다고 해서 얻을 수 없고, 해롭다고 해서도 얻을 수 없다>

> 不可得而貴, 不可得而賤.
> 불 가 득 이 귀 불 가 득 이 천
> <귀하다고 얻을 수 없고 천해도 얻을 수 없다>
>
> 故爲天下貴.
> 고 위 천 하 귀
> <따라서 (穴은) 천하의 귀물이 되었다>
>
> 兌(태): 구멍.

의역   온갖 방법으로 세상을 사는 사람은 우주의 묘리를 설명할 수 없고, 우주의 이치를 아는 사람은 세상을 자신의 목적을 이루는 수단으로 삼는 지혜를 알지 못한다.

혈에서 기운이 빠져나가는 구멍을 잘 막고, 외부 수구(水口) 문을 잘 폐쇄해서 혈의 기운을 온전하게 하면, 다툼을 만드는 날카로움을 꺾고 세상의 온갖 분란을 해소할 수 있게 된다. 이와 함께 신(神)의 도움으로 우주 천광(天光) 기운을 조화롭게 하여 사람들에게 천광 기운을 제공하면서 이들과 하나가 된다.

이것을 일컬어 우주와 하나가 된다는 의미의 현동(玄同)이라고 부른다.

우주 혈과는 사사롭게 특별히 친하다고 어떤 기운을 얻을 수 없으며, 소원하다고 기운을 얻을 수도 없다. 이 혈로부터 이로움을 얻을 수 있다고 해서 이로움을 얻을 수 없고, 해로움이 있다고 해서 해로운 기운을 얻을 수 없다. 또한 귀(貴)를 얻을 수 있다고 해서 귀한 기운을 얻을 수 없고, 천하다고 해서 천한 기운을 얻을 수 없다.

그리하여 혈(穴)은 천하의 귀한 물건이 된다.

해석 이 장에서 노자는 '道가 객관적인 방식으로 운용된다'는 원리를 인식하고, 세상 사람들이 친소관계를 이용, 일을 도모하여 실패하는 것을 지양하고, 객관적 원리에 의해 작동하는 도·혈과 같은 자세와 행위를 통하여 기운을 얻어서 일을 성취하라는 주문이다.

이 경우 외부 혈을 얻거나 개선하는 취혈(取穴)을 통해 각종 문제를 해결할 수 있다고 피력하고 있다. 좋은 혈이 없는 상태에서 도모하는 일은 실패하기 때문에 좋은 혈을 얻어서 일을 성취하고 각종 분란까지도 잠재울 수 있다는 것이다. 이러한 측면에서 음·양택혈, 감위(敢爲), 지역혈, 성현혈, 국가혈, 세계혈 등[7]을 얻어서 소기의 목적 달성을 우주와 합일된다는 의미로 현동(玄同)이라고 말하고 있다.

이 경우 도·혈(道·穴)은 조건이나 여건이 형성되어야 작동하는 객관성을 지니고 있다. 친소관계에 의해 특정 기운을 얻을 수

---

7) 사람들에게 영향을 주는 혈은, 음·양택혈, 가문혈, 지역혈, 성현혈, 국가혈, 세계혈 등이 있다. 음· 양택은 묘소·집, 가문을 관장하는 가문혈, 지역에 기여한 사람에게 기운을 주는 지역혈, 높은 덕을 갖춘 사람에게 기운을 주는 성현혈, 공덕이 큰 사람에게 기운을 주는 국가혈, 인류에 공헌한 사람에게 기운을 주는 세계혈 등 수많은 혈이 존재한다.

없다고 말한다. 이로운 기운이 있다고 상응하는 적덕, 자세 등이 없으면 이로운 기운을 얻을 수 없다. 마찬가지로 혈에 해로운 기운이 있을지라도 패덕 행위가 없으면 해로운 기운이 들어오지 않는다. 마찬가지로 귀한 기운이 있더라도 상응하는 덕이 없으면 혈로부터 귀한 기운을 얻을 수 없다. 천한 기운이 있는 혈도 상응하는 행위, 태도 등이 있어야 천한 기운이 작동한다.

이러한 각종 도·혈이 정상적으로 작동하기 위해서는 적덕, 겸양, 청정한 마음가짐 등이 필요하다. 동시에 이것은 도·혈의 정상적 작동을 위한 필수불가결한 덕목이기도 하다. 반대로 관계 혈에 나쁜 기운이 있어도 상응하는 행위나 태도가 없으면 해롭고 천한 기운이 유입되지 않는다.

이러한 덕목이 행해지지 않고 친소관계, 이해관계 등을 매개로 사람들이 온갖 노력을 경주하는 것을 도덕경에서는 지(智)로 표현하고 있다. 이 경우 사람들은 우주의 좋은 혈과 연결되지 않고 다른 흉혈과 연결되어서 우주와 합일되지 않는다. 우주 길혈(吉穴)은 적덕, 청정, 겸양 등의 기운이 있다. 이 때문에 사람들이 이러한 방식대로 살면, 비로소 혈의 좋은 기운을 얻고 해당 유전자 형질이 발현되어서 소기의 목적을 성취할 수 있는 것이다.

인간의 마음과 행위는 우주 혈들과 연결되어 있다. 좋은 마음과 선행은 길혈과 작동되어 길혈(吉穴)로부터 좋은 기운을 받고, 흉한 마음과 패악 행위는 흉혈(凶穴)과 연결되어 흉한 기운을 받는다. 따라서 도덕경 전반에 흐르는 이러한 기조는 선한 마음으로 적덕을 하면 우주와 합일되어 뜻을 세울 수 있을 뿐만 아니라 영혼의 진화를 촉진시키고 우주의 진화 발전에도 이바지한다는 것이다.

이 장에서 도덕경은 도·혈은 원한다고 작동하고 원하지 않는다고 작동하지 않는다고 말하면서 도·혈은 오로지 인간의 마음가짐, 태도, 행위 등에 의해 특정 조건이 충족되면 작동하는 객관성을 지니고 있는 것으로 판단한다. 이러한 진리를 모르고 온갖 방법을 동원하여 일을 도모하는 사람을 지자(知者)로 비판하고 있는 것이다.

1.3. 도(道)의 원리와 혈(穴)의 운용

제8장 도(道)의 원리와 천망(天網) (73)

勇於敢則殺, 勇於不敢則活.
용 어 감 즉 살   용 어 불 감 즉 활
<용감하게 도모하는 것에 용감하면 죽고, (일 도모에) 용감하지 않는 것에 용감하면 산다>

此兩者或利或害.
차 양 자 혹 리 혹 해
<이 양자는 혹 이롭기도 하고 혹 해롭기도 하다>

天之所惡, 孰知其故?
천 지 소 오   숙 지 기 고
<하늘이 싫어하는 것이 있다. 누가 그 이유를 알리요?>

是以聖人猶難之. 天之道不爭而善勝.
시 이 성 인 유 난 지   천 지 도 부 쟁 이 선 승
<그리하여 성인은 오히려 그것을 어려워한다. 하늘의 도는 다투지 않고 이기는 것을 좋아 한다>

不言而善應, 不召而自來, 繟然而善謀.
불 언 이 선 응   불 소 이 자 래   천 연 이 선 모
<말을 하지 않아도 잘 응하고, 부르지 않아도 스스로 오고, 느긋하게 있어도 잘 도모한다.>

天網恢恢疏而不失.
천 망 회 회 소 이 불 실
< 하늘의 그물은 넓고 성기지만, 잃어버리는 것이 없다>

繟(천): 느긋하다.
洃(회): 넓다.

의역 무모하게 행하는 감위(敢爲)에 용감하면 죽게 되고, 감위로 하지 않는 것에 용감하면 살 수 있다. 이 양자는 이롭고, 어떤 때는 해롭기도 하다. 하늘은 인간들이 하기를 싫어하는 바가 있다. 누가 그 까닭을 알리요? 그리하여 성인은 하늘이 싫어하는 것을 꺼려하고 하지 않는다.

하늘의 道는 다투지 않고 이기는 것을 좋아한다. 그렇게 하면 하늘은 말하지 않아도 사람들 요구에 선선히 응하고, 부르지 않아도 스스로 오고, 느긋하게 있어도 도모를 잘한다.

이처럼 천도(天道)의 원리가 구현되어 있는 하늘의 망은 광대무변하고 성기지만, 만사를 놓치는 것이 없다.

해석 이 장은 '하늘의 도가 자연적 원리에 따라 움직이기 때문에 욕심이 앞서서 억지로 하면, 이루어지지 않는다'는 것을 강조하고 있다. 하늘의 도는 사람들이 순리에 맞게 행동하면 싸우지 않아도 저절로 일이 이루어지게 하고, 하지 말라고 해도 저절로 일이 성사되게 한다는 것이다.

이것은 항상 강조하듯이, 세상에서 사람들은 경쟁을 하면서 자신이 하는 바를 성취하고자 하지만, 일의 성사가 쉽지 않다. 그러나 적덕, 겸손, 검약, 청정한 마음 등의 무위(無爲)의 덕목을 갖추고 일을 추구하면, 필요 유전자 형질이 발현되어 자연스럽게 일이 이루어진다. 반대로 이러한 조건이 충족되지 않은 상태에서 일을 무리하게 도모하면, 예외 없이 실패할 수밖에 없다고 강조하고 있다.

이러한 길흉화복, 부귀빈천 등의 도덕 원리가 하늘의 망에는 체현되어 있기 때문에 하늘의 그물은 도의 원리에 맞거나 도에 어긋나는 어떠한 것도 놓치지 않는다고 설파하고 있다. 따라서 이 장에서는 '인간 행위가 궁극적으로 길흉화복 및 부귀빈천을 만드는 근본이자 주체'라는 점을 강조하고 있다.

제9장 회룡(回龍)으로서 도(道)의 형태와 천하혈의 특성 (22)

曲則全, 枉則直.
곡 즉 전 왕 즉 직
<(용맥이) 굽으면 온전하고, 휘면 곧아야 한다>

窪則盈, 蔽則新.
와 즉 영 폐 즉 신
<웅덩이(혈)가 있으면 찰 수 있고, 나누어주면 새로운 것이 생긴다>

少則得, 多則惑.
소 즉 득 다 즉 혹
<(국가혈이) 적으면 얻을 수 있고, 많으면 현혹된다>

是以聖人抱一爲天下式.
시 이 성 인 포 일 위 천 하 식
<그리하여 성인은 한 개(혈)를 잡아서 천하의 제도로 만든다>

不自見, 故明.
부 자 현 고 명
<스스로를 나타내지 않기 때문에 밝음이 있다>

不自是, 故彰.
부 자 시 고 창
<스스로 옳다고 여기지 않기 때문에 밝게 드러난다>

不自伐, 故有功.
부 자 벌 고 유 공
<스스로 자랑하지 않기 때문에 공이 있다>

不自矜, 故長.
부 자 긍　고 장
<스스로를 아끼지 않기 때문에 오래 지속된다>

夫有不爭, 故天下莫能與之爭.
부 유 부 쟁　고 천 하 막 능 여 지 쟁
<무릇 다투지 않기 때문에 천하는 그것과 다툴 수 없다>

古之所謂曲則全者, 豈虛言哉?
고 지 소 위 곡 즉 전 자　기 허 언 재
<옛말에 굽으면 온전하다는 것이 어찌 헛된 말이겠는가?>

誠全而歸之.
성 전 이 귀 지
<진실로 온전하게 하여 그것으로 돌아가라>

蔽(폐): 나누다.
式(식): 제도.
伐(벌): 자랑하다.

의역　용이 회룡(回龍)으로 행도하면 용맥이 굽어지면서 穴이 온전하게 만들어진다. 용맥이 굽으면 그 다음 맥은 조산(祖山)을 쳐다보면서 곧게 내려와야 한다. 그러한 용맥 위에 혈이 만들어지면 기운이 혈 안에 찬다. 혈 기운이 사람들에게 나누어지면, 다시 새로운 기운이 생성된다.

이러한 대혈은 개수가 많지 않고 적지만, 그것의 기운으로 각종 국가제도가 만들어진다. 혈의 개수가 많으면 어떤 것의 기운을 써야 될지 몰라서 미혹에 빠진다. 그리하여 성인은 그 중

하나의 대혈, 즉 세상을 관장하는 천하혈을 포착해서 그 기운으로 천하의 제도로 제정한다.

혈(穴)은 스스로를 나타내지 않기 때문에 밝음(明)이 있다고 한다. 스스로 옳다고 주장하지 않기 때문에 빛난다. 스스로 자랑하지 않기 때문에 공(功)이 있다. 혈은 스스로를 아끼지 않기 때문에 오래 동안 존속된다.

무릇 혈은 오로지 다른 것과 다투지 않기 때문에 천하는 그 穴과 다툼을 벌일 필요가 없다. 옛날에 소위 굽어서 온전하다는 말이 어찌 허언이겠는가? 정성을 다해 온전해지면, 그것은 바로 道에 귀속된다.

$\boxed{해 석}$ 이 장은 용이 굽은 회룡(回龍)에 만들어진 천하 관장 혈에 대한 설명과 함께 이 혈이 지닌 특성을 본받으라는 중의적 의미를 지니고 있다.

우선 천문 지리적으로 대도(大道)로 지칭되는 용맥에 좋은 구성 기운이 기복하면서 바르게 흐르면 진혈이 만들어진다. 특히 용맥이 굽어서 자신을 만든 조종산을 바라보는 회룡고조격(回龍顧祖格)을 만들면, 더욱 더 온전해진다. 이러한 회룡고조격도 마지막 용절이 곧게 들어와서 온전한 혈을 형성하고, 이 기운을 나누어주면 다시 새로운 기운으로 갱신된다.

천하를 관장하는 혈은 이러한 회룡고조 혈에 생성된다. 이 경우 천하를 다스리는 혈은 많지 않은 소수의 혈로서 천하를 관장하는 기운을 생출한다. 이 경우 성인은 적덕의 도움으로 이 혈을 잡아서 천하의 제도를 주재하는 기운을 얻는다.

국가의 특성, 예컨대 왕조, 민주주의, 경제제도, 복지제도 등의 제반 제도는 우연히 생긴 것이 아니라 모두 관계 국가혈 기운에 의해 작동이 이루어지면서 만들어진 것이다. 다른 장에서 상술하겠지만, 이러한 혈에는 관계자의 혼(魂)이 존재하면서 혈 기운을 수취, 각종 정책이 만들어지고 시행된다.

이러한 혈들은 스스로를 자랑하지 않고, 스스로를 옳다고 여기지 않을 뿐만 아니라 다른 것과 다투지도 않는 특성을 지니고 있다. 이 특성 때문에 빛나고 밝음이 있고 장구하게 지속된다.

이러한 회룡고조 격이 주는 천문·지리적 함의 이외에도, 이 혈들이 제대로 작동하기 위해서는 관계인이 혈의 특성과 동일하게 자랑하지 않고 다투지 않는 태도를 보여주면, 통치자의 영혼이 혈 기운과 합일되면서 천하혈 기운을 얻는다는 것을 시사하고 있다.

이러한 측면에서 성인은 겸양과 덕행으로 천하를 관장하는 혈을 얻어서 천하를 다스리게 된다는 암묵적 교훈을 주고 있다. 혈은 저절로 작동하는 것이 아니라 거기에 있는 영혼(靈魂)과의 관계에서 작동한다. 혈 기운과 혼 기운이 부합되지 않으면, 관계 穴의 기운을 받아 올 수 없다. 그래서 도덕경에서는 혈의 특성과 상응하는 덕행, 수양, 처신 등을 요구하는 것이다.

제10장 도(道)와 혈(穴)의 변화 (23)

希言自然. 故飄風不終朝, 驟雨不終日.
희언자연 고표풍부종조 취우부종일

<말이 적은 것이 자연이다. 그리하여 회오리바람도 아침 내내 불지 않는다. 소나기도 하루 종일 오지 않는다.

孰爲此者? 天地. 天地尙不能久而況於人乎?
숙위차자 천지 천지상불능구이황어인호

<누가 이것을 만드는가? 하늘과 땅이다. 천지는 또한 오래 (나쁜일을) 지속하지 않게 하는데, 하물며 사람에게 그러겠는가?>

故從事於道者, 同於道.
고종사어도자 동어도

<따라서 도에 종사하는 사람은 도 기운과 같이 된다>

德者, 同於德.
덕자 동어덕

<덕인은 덕 기운과 같이 된다>

失者, 同於失.
실자 동어실

<기운을 잃어버린 사람은 잃어버린 혈 기운과 같이 된다>

同於道者, 道亦樂得之.
동어도자 도역락득지

<도와 같이하는 사람은 역시 도 기운 얻기를 즐겨한다>

同於德者, 德亦樂得之.
동어덕자 덕역락득지

<덕과 같이 하는 사람은 역시 덕 기운 얻기를 즐겨한다.

同於失者, 失亦樂得之.
동 어 실 자   실 역 락 득 지
<잃어버린 것과 같이 하는 사람은 역시 잃어버린 것(기운) 얻기를 즐겨 한다>

信不足焉, 有不信焉.
신 부 족 언   유 불 신 언
<신이라는 것이 부족하다. 잘못된 신이라는 것도 있다>

飄風(표풍): 회오리 바람.
驟雨(취우): 소나기.

의역 자연은 많은 설명을 하지 않고 몸소 직접 보여준다. 회오리바람이 불어도 아침 내내 불지 않는다. 소나기가 쏟아져도 하루 종일 오지 않는다. 누가 이렇게 만드는가? 천지(天地)다. 이처럼 천지는 오히려 나쁜 일이 오래 지속되게 하지 않는다. 하물며 사람에게 그러겠는가?

따라서 道를 쫓는 사람은 동일한 道 관련 穴 기운과 하나가 되고, 덕행을 하는 사람은 음덕혈의 기운과 동화된다. 실덕으로 도와 덕 기운을 상실한 사람은 기운이 사라진 도·혈의 기운과 같아진다.

그리하여 道 관련 혈과 같아진 사람은 이 혈로부터 좋은 기운을 얻는 것을 즐겨하고, 德 관련 혈과 같아진 사람은 이 혈로부터 상서로운 기운 얻기를 즐겨 한다.

흉운(凶運)이나 실덕(失德)으로 혈 기운을 잃어버린 사람은 생기

1. 도(道)의 대원리

가 사라진 도·혈 기운 얻기를 즐겁게 한다. 이러한 사람들에게는 적덕 부족으로 단백질 형성에 결정적 역할을 하는 핵소체 신(信)이 부족해지면서 기운 형성이 부족해진다. 또는 패덕 행위로 잘못되고 오염된 산알이나 단백질이 생성되면서 좋지 않은 일들이 자주 발생한다.

[해석] 노자는 이 장에서 도(道)의 운이 변화하는 모습을 자연에 비유하여 설명하고 있다. 자연이 회오리바람이나 소나기처럼 나쁜 일이 생기게 하는 것처럼 사람들에게도 실덕으로 흉운이 발생할 수 있음을 은유적으로 설명하고 있다.

이것은 적덕 부족으로 인한 흉운 발동으로 오행 정(精), 즉 유전자 형질 부족으로 작동 가능한 핵소체[8]가 부족하거나 오염된 핵소체가 작동하기 때문에 흉사가 일어나는 것으로 파악한다. 필요 정(精)은 현대 분자생물학에서는 유전자로 표시되는 용어이다. 적덕 기운의 약화로 유전자 작동개수가 감소하고, 이에 따라 핵소체 작동개수도 줄어든다. 이렇게 되면 건강 악화내지 일의 실패가 드러나 있는 것이다.

이 장은 인간들의 삶의 행로에서 일이 성사되지 않거나 건강이 악화되는 것은 우연이 아니라 적덕 부족으로 인한 운 기운의 변화에 의한 것이라는 점을 시사하고 있다.

---

8) 세포내 핵소체는 리보솜을 생성하는 장소이다. RNA와 단백질로 이루어진 복합체로서 리보솜은 단백질 합성 기능을 수행한다. 따라서 리보솜을 만드는 핵 내부의 핵소체는 생명활동에 있어서 지대한 역할을 한다. 이것은 정기신(精氣神) 삼자에서 신(神)의 영역에 해당되는 범주이다.

제11장 흉한 구성(九星) 용맥의 비도(非道): 도간(道竿) (53)

使我介然有知, 行於大道.
사 아 개 연 유 지   행 어 대 도
<내가 조금 아는 것은 대도로 행하는 것이다>

唯施是畏. 大道甚夷, 而民好徑.
유 시 시 외   대 도 심 이   이 민 호 경
<단지 행하는 데에 두려움이 있다. 큰 길은 매우 평이하지만, 백성들은 작은 길을 좋아 한다>

朝甚除, 田甚蕪, 倉甚虛.
조 심 제   전 심 무   창 심 허
<조정에는 제거된 것(충신)이 많이 있고, 밭은 잡초가 우기지고, 창고는 심히 비어 있다>

服文綵, 帶利劍.
복 문 채   대 리 검
<(조정의) 의복 문양은 빛나고, 차고 있는 것은 날카로운 검이다>

厭飮食, 財貨有餘.
염 음 식   재 화 유 여
<(음식이 너무 많아서) 음식을 싫어하고 재화는 남아 돌아간다>

是謂道竿. 非道也哉!
시 위 도 간   비 도 야 재
<이것은 도의 장대라고 부른다. 도가 아니다>

施(시): 행하다.   徑(경): 작은 길.
蕪(무): 잡초가 우거지다.   竿(간): 대나무 장대.

의역 나에게는 작은 지식이 있다. 대간룡으로 불리는 대도의 혈 기운을 받아서 어떤 일을 행하는 것이다. 대도에 맺힌 혈에 의거하여 어떠한 일의 실행이 단지 흉한 사태를 야기하지 않을까 매우 두렵다.

대도(나쁜 기운을 지니고 있는 큰 용맥)는 평탄하지만, 사람들은 오히려 작은 길(좋은 기운이 있는 작은 용맥)을 좋아한다.

만약 통치자의 음·양택을 나쁜 구성기운이 흐르는 대도(대간룡)에 건립하거나 군주의 패덕으로 국가혈이 이러한 나쁜 장소로 이동한다면, 조정의 충신은 대부분 제거되고 밭에는 전쟁으로 인해 많은 잡초만 무성할 것이다. 부정부패로 나라의 창고는 대부분 비어 있고, 사치로 군주의 복장만 화려하고, 무력에 의한 지배로 군사들은 날카로운 검만 차고 있을 것이다. 권력층들은 먹기를 싫어할 정도로 음식이 남아 있고, 이들에게 재물은 가렴주구로 남아돌 지경에 이른다.

이것은 장대처럼 긴 파군성의 흉기가 흐르는 대간룡의 용맥9)에 군주의 음·양택을 건립했거나 패덕으로 인해 국가혈이 이러한 죽창처럼 긴 흉지에 존재하기 때문이다.

이와 같이 좋은 氣가 흐르지 않는 용맥은 진정으로 올바른 道가 아니다.

---

9) 어떠한 도덕경 원문에서는 도간(道竿) 대신, 도과(盜夸)로 쓰인 판본이 있다. 그러나 도간(道竿)이 노자의 의도와 부합한다고 본다. 도간(道竿)은 용맥이 장대 모양과 같은 긴 파군성 용맥이기 때문이다.

해석   노자는 이 장에서 나라가 전쟁에 휘말리고 조정의 충신들이 제거되고 부정부패가 횡행하는 원인을 두 가지로 보고 있다. 첫째로, 군주의 패덕으로 인하여 세상을 관장하는 국가혈이 흉기가 흐르는 파군성 용맥으로 이동했기 때문이다. 둘째로는 군주의 패덕으로 군주의 조상묘소나 대궐 터가 파군, 녹존 등의 흉기가 범람하는 대간룡 용맥 위에 건립되었기 때문인 것으로 본다.

국가의 혼란, 부정부패 등이 발생하는 것은 궁극적으로 군주의 패덕으로 인해 국가혈이나 왕조의 음·양택이 잘못된 자리에 있기 때문이다. 군주의 패덕이 음덕혈 작동을 멈추게 하고 패덕혈을 작동시키면서 구성 흉기가 흐르는 대간룡으로 국가혈이 이동하고, 왕실 음·양택들도 이러한 흉기로 인해 흉지에 점지된다는 것이다. 원래 대간룡에는 흉성이 포함된 각종 구성이 흐른다. 이러한 의미에서 대간룡으로 표현된 대도는 비도(非道)인 것이다. 작은 길(徑)로 표현된 지룡에서만 진혈(眞穴)이 결작되는 것이 풍수지리적 원칙이다.

이 장에서 암묵적으로 강조하고 있는 것은 세상의 길흉이 적덕과 패덕에 의해 발생 여건이 자연적으로 조성된다는 점이다. 실제로 선진국에서는 풍수를 몰라도 대통령·수상 관저, 각종 공공기관 등이 좋은 터에 건립된다. 후진국의 경우 각종 공공건물들이 나쁜 구성이 흐르는 용맥 위에 건립된다. 이것은 모두 신(神)들의 작용으로 인도되는 것이다. 실제로 신과 같은 천문지리 능력이 없으면 음·양택 명당 소점은 불가능하다.

1.4. 도(道)와 인간 삶의 목적

제12장 혈(穴)의 형이상학적 구조와 윤회 본원혈 (14)

視之不見, 名曰夷.
시 지 불 견   명 왈 이

<보아도 보지 못한다. 형용하면 평이하다고 말한다>

聽之不聞, 明曰希.
청 지 불 문   명 왈 희

<들어도 듣지 못한다. 원리를 밝히면 희소한 것이라고 말한다>

搏之不得, 名曰微.
박 지 부 득   명 왈 미

<그것(氣)을 잡으려고 해도 얻지 못한다. 표현한다면 작은 것이라고 말한다>

此三者, 不可致詰.
차 삼 자   불 가 치 힐

<이 세 가지 것은 따져 물을 수 없다>

故混而爲一. 其上不皦, 其下不昧. 繩繩不可名.
고 혼 이 위 일   기 상 불 교   기 하 불 매   승 승 불 가 명

<고로 섞여서 하나(人穴)가 된다. 그 인혈 위는 밝지 않고 그 아래도 어둡지 않다. 서로 엮여 있는 것이 표현할 수 없다>

復歸於無物. 是謂無狀之狀, 無物之象.
복 귀 어 무 물   시 위 무 상 지 상   무 물 지 상

<다시 물질이 없는 것(혈)으로 돌아간다. 이것은 형상이 없는 모습이다. 물질이 없는 유전체 모습이다>

是謂恍惚. 迎之不見其首, 隨之不見其後.
시 위 황 홀　영 지 불 견 기 수　수 지 불 견 기 후
<이것은 일컬어 황홀한 것이라고 말한다. 그것을 맞이하지만 그 머리를 보지 못하고, 그것을 쫓아가지만 그 뒤를 보지 못한다>

執古之道, 以御今之有. 能知古始, 是謂道紀.
집 고 지 도　이 어 금 지 유　능 지 고 시　시 위 도 기
<옛날의 도를 살핌으로써 지금의 존재를 다스린다. 옛날의 시초를 알 수 있다. 이것을 도의 원리로 부른다>

皎(교): 밝다.

의역 구성이 흐르는 실로서 道에 움푹 들어간 穴은 보려고 해도 볼 수 없으니 이를 칭하여 평이하다고 말한다. 혈의 소리를 들으려고 해도 들을 수 없으니 드물다는 의미에서 희(希)로 지칭한다. 또한 혈의 기운을 잡으려고 해도 잡지 못하니, 이를 일컬어 氣 알갱이가 작다는 의미로 미(微)라고 말한다.

이러한 이·희·미(夷·希·微) 삼자는 그 생성 원인을 따져 물을 수 없고, 단지 기운이 혼용되어서 하나의 인혈(人穴)로 모인다.

하늘 기운과 땅 기운이 들어오는 인혈(人穴)의 위에는 우주의 천혈(天穴)이 있지만, 밝게 빛나지 않는다. 그 인혈의 아래에는 땅 지혈(地穴)이 있으나 어둡지 않다. 이 세 종류 혈들은 서로 실타래처럼 복잡하게 엮여져 있지만, 그것을 정확하게 형용할 수 없다.

사람들의 영혼(靈魂)이 이 세상에 오면 우주 천혈, 지상 인혈,지상 지혈, 신체 혈 등에 존재하면서 상호 연결된 기운을 받아서 활동하다가 사망하면, 다시 활동에 필요한 물질기관이 없는 우주 본원혈로 귀천한다. 이것을 일컬어서 영혼(靈魂)이 우주 성진 정보(象)만이 존재하는 상태, 즉 영혼이 육신 활동에 필요한 세포 소기관이 없는 상태인 본원혈로 돌아가는 귀천(歸天)이라고 말한다.

영혼의 고향인 우주 본원혈은 황홀하다. 이 본원혈은 일반 혈처럼 용(龍) 모양이 아닌 원형 모양이기 때문에 그것을 앞에서 보려고 해도 그 머리 부분을 볼 수 없고, 뒤편으로 가서 보려고 해도 그 뒷 모습을 볼 수 없다.

과거 전생의 혈을 잘 살핌으로써, 현재의 인생을 주재하는 穴도 잘 제어할 수 있다. 이러한 방법으로 과거 전생과 최초 삶 형태도 잘 파악할 수 있는 바, 이것이 바로 道의 원리이다.

[해석] 노자는 이 장에서 穴의 형이상학적 구조와 더불어, 윤회를 만들고 수많은 전생 정보가 들어 있는 인간 본원혈에 대해 논의한다.

穴은 형이상학적 존재이기 때문에 쉽게 볼 수 없고, 그 파장음을 들을 수 없고, 기운 역시 잡을 수 없다고 말한다. 그러면서 이러한 인간 영혼(靈魂)이 서려 있는 穴은 하늘의 천혈(天穴), 지상의 지혈(地穴), 두 기운이 만나는 인혈(人穴) 등으로 구성되어 있으면서 상호 연결되어 있다. 사람이 죽으면 이 혈들로부터 혼(魂)이 떠나서 본인의 고향인 우주 본원혈로 돌아간다고 언급한다.

인간의 영혼은 신체의 특정 부위에 존재하는 것이 아니라 모든 세포를 구성하는 개별 단위에 존재한다. 영혼은 예컨대 핵, 핵 속의 염색체와 핵소체, 소포체, 미토콘드리아, 골지체, 리보솜, 리소좀 등과 같은 세포소기관을 구성한다. 이와 같은 핵, 소기관 등은 육신 세포에만 존재하는 것이 아니라 우주 천혈, 지상 지혈에도 동시에 존재한다.

사망하여 영혼이 육체를 떠나면, 우주 본원혈로 귀천한다고 말한다. 이 경우 본원혈은 육체적 생명활동을 하는 지상 혈과는 달리 미토콘드리아, 소포체, 리보좀, 핵소체 등의 세포 소기관이 없는 정(靜)한 상태인 것으로 말한다. 하늘, 땅, 신체 등에 존재하는 혈들은 우주 구성 기운으로 필요 산알10)을 생성하여 세포를 관리한다. 또한 단백질, 탄수화물, 지방 등의 영양소를 만드는 토대로 작동하면서 인간의 각종 활동을 추진하게 만든다. 그러나 귀천(歸天)하게 되면 이러한 활동이 필요 없기 때문에 영혼은 세포소기관 등이 없는 유전체(genome) 형태(象)로만 존재한다고 언급한다.

이 혈은 원형 형태를 이루고 있으면서 시초 삶을 비롯하여 과

---

10) 북한 김봉한이 인류 최초로 경락을 발견하고 경락에 흐르는 물질을 산알(살아있는 알)로 명명하였다. 그 후 서울대 소광섭교수가 봉한 학설을 다시 재현하였다.

거 전생의 모든 정보를 아우르고 있는 혈이다. 이 때문에 도에 능통한 사람은 윤회의 제반 과정을 인지할 수 있다고 말한다.

노자는 다른 장에서 인간은 육신을 지닌 생명체로 활동하다가 사망하면 다시 본원혈로 돌아와서 천명을 받고 활동하는 등, 윤회를 거듭하면서 영혼의 진화를 도모하고 있는 에너지체인 것으로 말한다. 현생은 전생이 상당 정도 반영되었기 때문에 주어진 모든 生을 하늘이 내린 천명에 맞게 잘 살아야 하는 것이 바로 우주 道의 원리라고 주창하고 있는 것이다. 특히 본원혈로부터 전생을 알게 되면, 전생의 기운으로 형성된 현생의 문제점을 파악함으로써 현생도 잘 다스릴 수가 있다고 말한다.

제13장 인간의 복명(復命)과 윤회의 목적 (16)

致虛極, 守靜篤, 萬物竝作.
치허극 수정독 만물병작
<극도의 비움에 이르고 정함을 지키면, 만물은 모두 잘 자란다>

吾以觀復. 夫物芸芸, 各復歸其根.
오 이 관 복 부 물 운 운 각 복 귀 기 근
<나는 그로써 (이것이) 반복됨을 본다. 무릇 만물은 무성하게 자라다가 각자 다시 그 뿌리로 돌아간다>

歸根曰靜. 是謂復命.
귀 근 왈 정 시 위 복 명
<뿌리로 돌아가는 것은 정(靜)이리고 일컫는다. 그것은 다시 명을 받는다고 말한다>

復命曰常. 知常曰明. 不知常, 忘作凶.
복 명 왈 상 지 상 왈 명 불 지 상 망 작 흉
<다시 명을 받는 것은 법칙이라고 말한다. 법칙을 알면 밝음이라고 이른다. 법칙을 모르면 망령되게 흉한 일을 한다>

知常容. 容乃公. 公乃全. 全乃天. 天乃道.
지 상 용 용 내 공 공 내 전 전 내 천 천 내 도
<일반적 (혼의) 상태를 알아라. 이 상태는 바로 공공선의 반영물이다. 공공선은 바로 온전성이다. 온전한 것은 바로 하늘이다. 하늘은 바로 도이다>

道乃久, 沒身不殆.
도 내 구 몰 신 불 태
<도가 바로 오랫동안 지속되면 몸이 죽어도 (영혼은) 위태롭지 않다>

常(상): 법칙.

의역 혈이 텅 빈 극한 상태에 도달하면, 혈은 기운의 고요함을 돈독하게 지킨다. 그렇게 되면 만물이 혈 기운으로 모두 다 잘 자라게 된다. 나는 만물이 다시 생성되고 다시 죽게 되는 흥망성쇠 과정이 반복되는 것을 본다.

무릇 사물은 무성하게 자라다가 다시 원혼(元魂)이 존재하는 본원혈로 돌아간다. 본원혈로 돌아가면 고요한 상태가 된다. 여기에서 하늘로부터 다시 천명(天命)을 받는다. 이러한 천명이 거듭된다는 의미에서 복명(復命)이라고 말한다.

윤회를 통해서 천명이 거듭되는 복명은 특수한 것이 아니라 일상적으로 반복되는 법칙이다. 윤회를 통한 복명이 일상적으로 반복된다는 법칙을 안다면, 혜안을 지닌 밝음(明)으로 불린다. 이러한 원리를 알지 못하는 사람들은 삶이 한번 뿐이라는 생각에서 망령되게 흉한 일을 자행한다.

항상 (건강상태, 명예, 지위, 재산, 인간관계 등) 자신 영혼의 모습을 살펴본다면, 그 모습은 바로 공공선 등의 행위에 의하여 결정된다는 것이다. 공공선으로 영혼을 바로 온전하게 만들어야 하는 것은 하늘의 뜻이다. 하늘은 바로 우주의 원리를 따른다. 이렇게 되면 영혼이 내재된 혈이 오랫동안 지속되면서 육체적 신체가 수명을 다해도 영혼은 결코 위험에 빠지지 않는 상태에 이른다.

해석 이 장에서 노자는 사람은 물론, 만물이 생사(生死)를 반복하는 윤회, 천명이 거듭되는 복명(復命), 그 목적성 등 인간 복명(復命)과 윤회의 목적을 논하고 있다.

만물은 각종 혈 기운을 받으면 무성하게 자라다가, 혈 기운이 사라지면 죽게 된다. 생명체의 생로병사 과정은 혈의 작동으로 설명되는 것이다.

육신이 죽으면, 그 혼(魂)은 원혼(元魂)이 있는 우주 본원혈로 귀천한다. 극히 고요한 이 본원혈에서 다시 하늘의 천명을 받아서 다시 고등생명체로 태어나는 윤회는 항상 반복되는 법칙이다. 윤회가 거듭되는 것은 영혼이 하늘에만 있는 것 보다 지상의 생명체로 활동할 경우, 하늘 기운과 더불어 땅 기운을 부가적으로 받아서 영혼의 진화를 보다 많이 도모할 수 있기 때문이다.

항상 영혼 상태의 반영물로서 삶의 상태와 그릇은 공공선을 위한 덕행에 의해 결정된다. 공익을 위한 덕행이 거듭됨으로써 영혼은 보다 완전한 방향으로 발전된다고 설파한다. 영혼이 완전한 상태로 진화·발전하게끔 설계된 것은 우주의 작동원리에 따른 것으로서 우주의 진리이며 하늘의 뜻이다. 이러한 하늘도 자연에 의한 우주 대본원혈 원리에 의해 규정을 받는다.

이 장에서 노자는 영혼이 진화·발전될 경우 우주의 각종 혈들도 영혼의 좋은 기운 증가로 작동기간이 오랫동안 유지된다고 말한다.

이에 따라 우주는 물론, 각종 영혼들도 위험한 상황에 빠지지 않고 오랫동안 지속되는 것으로 설파한다. 영혼의 진화는 우주 유기물질 기운의 증가를 가져오면서 우주 본원혈의 생명 기운 증대로 우주 자체도 보다 오랫동안 지속되는 것이다. 이러한 우주 대원리에 의거하여 인간의 삶과 활동이 규정받는다고 볼 수 있다.

2
혈(穴)의 구조와 세포의 구성물질

얼더넌

2.
혈(穴)의 구조와 세포의 구성물질

제14장 혈(穴)과 세포의 기본 구조 ⑾

三十輻共一轂. 當其無, 有車之用.
삼 십 복 공 일 곡   당 기 무   유 거 지 용

<서른 개의 바퀴살이 모여서 한 개의 바퀴통을 만든다. 마땅히 그것은 비어 있으면서, 수레의 쓰임새가 된다>

埏埴以爲器. 當其無, 有器之用.
연 식 이 위 기   당 기 무   유 기 지 용

<흙을 빚는 진흙은 그릇을 만든다. 당연히 그것은 비어 있으면서 그릇의 쓰임새가 된다>

鑿戶牖以爲室. 當其無, 有室之用.
착 호 유 이 위 실   당 기 무   유 실 지 용

<지게문을 뚫고 들창을 냄으로써 방을 만든다. 당연히 그것은 비어 있어서 방의 쓰임새가 된다>

故有之以爲利, 無之以爲用.
고 유 지 이 위 리   무 지 이 위 용
<고로 유(有)로서 이로움이 되고, 무(無)로서 쓰임새가 된다>

轂(곡): 바퀴살.
埏(연): 흙을 빚다.
埴(식): 진흙.
鑿(착): 뚫다.
牖(유): 들창.

의역 수레 30개의 바퀴살은 하나의 바퀴통으로 연결되어 있다. 당연히 바퀴살과 바퀴통의 연결로 만들어진 빈 부분은 수레의 쓰임새가 된다. 진흙으로 흙을 빚으면 그릇이 된다. 당연히 그릇의 빈 공간은 유용성을 제공한다.

문과 창문을 뚫어서 방을 만든다면, 방의 빈 공간은 당연히 유용한 쓰임새를 준다.

따라서 그릇을 이루는 외벽, 방의 사방 벽 등과 같은 유(有)는 사람들에게 이익을 주고, 외벽이 만든 내부의 빈 공간으로서 무(無)는 사람들에게 유용성을 제공한다.

해석 이 장에서 노자는 穴과 세포가 외벽을 갖고 있는 유(有)로 비유적으로 표현하고 있다. 또한 혈과 세포 내부의 유익한 공간(無)에 각종 기관이 있으면서 생명물질을 생산해 낸다.

여기에서 유(有)라는 벽에 창문과 문이 있어서 필요물질이 들고 나는 출입구가 있음을 은유적으로 보여주고 있다. 모든 혈에는 오행 기운이 들고 나는 문은 향(向), 래룡(來龍), 원맥(元脈), 수구(水口), 좌(坐) 등으로 지칭된다. 이러한 문을 통하여 생명물질을 만드는 기운이 들어오고 각종 폐기물이 배출되는 한편, 생성된 생명물질이 사람들에게 공급된다.

무(無)로 일컬어지는 혈과 세포 내부의 빈 공간에는 고등생명체의 영혼(靈魂) 기운으로 만들어진 핵, 핵소체, 미토콘드리아, 소포체, 리보솜, 골지체 등의 소기관들이 있으면서 생명물질을 만든다.

이러한 혈과 세포는 인체에만 존재하는 것이 아니라 우주 특정 공간에서 수많은 천혈(天穴), 지상에서는 지혈(地穴), 인간 신체 혈 등을 구성하고, 이것들이 전우주적으로 작동하면서 생명체 활동 물질을 생성·공급한다. 인간들의 건강은 물론, 직업, 명예, 재물 등의 인사(人事)를 직접 담당하는 것이 각종 혈과 세포인 것이다.

제15장 혈(穴)과 세포의 구성물과 기관 명칭 (21)

孔德之容, 惟道是從.
공 덕 지 용　유 도 시 종

<오로지 도는 구멍(혈)의 덕 그릇을 따른다>

道之爲物, 惟恍惟惚,
도 지 위 물　유 황 유 홀

<도는 만물을 만든다. 오로지 황홀하다!>

惚兮恍兮! 其中有象.
홀 혜 황 혜　기 중 유 상

<황홀하구나! 그 속에는 상이 있다.>

恍兮惚兮! 其中有物.
황 혜 홀 혜　기 중 유 물

<황홀하구나! 그 속에는 물이 있다.>

窈兮冥兮! 其中有精, 其精甚眞, 其中有信.
요 혜 명 혜　기 중 유 정　기 정 심 진　기 중 유 신

<깊고 어둡구나! 그 속에는 정이 있다. 그 정이 매우 참되다. 그 가운데는 신이라는 것이 있다>

自古及今, 其名不去以閱衆甫.
자 고 급 금　기 명 불 거 이 열 중 보

<옛날부터 지금까지 만물을 살피는 도구로서 그 명칭은 사라지지 않았다>

吾何以知衆甫之狀哉, 以此.
오 하 이 지 중 보 지 상 재　이 차

<나는 어떻게 만물의 상태를 아는가? 이것으로써>

孔(공): 구멍으로서 혈(穴).
窈(요): 깊다.
熱(열): 살피다.
衆甫(중보): 만물.

의역 오로지 도(道)는 구멍 穴의 덕 그릇을 따른다. 道의 구성 기운으로서 혈은 만물을 만든다. 참으로 황홀하고 황홀하도다!

혈 내부에는 우주 성진 기운인 상(象), 즉 유전체가 있다. 황홀하구나! 또한 혈 가운데에는 미토콘드리아, 소포체, 리보좀, 리소좀, 골지체 등의 세포소기관(物)이 있다. 깊고 어둡도다! 그 가운데에는 암호화 정보로 된 유전자(精)가 있다. 그 유전자는 매우 참되다. 핵 중심부에는 단백질 합성을 관장하는 리보솜을 만드는 핵소체(信)가 있다.

무수한 만물의 상태를 살펴보는 수단이었기 때문에 혈·세포 내부구성물들의 명칭은 옛날부터 지금까지 사라진 적이 없다. 나는 어떻게 무수한 만물의 상황을 인지할 수 있는가? 바로 혼(魂)이 들어가 있는 혈과 세포의 내부 동정을 살펴봄으로써.

해석 노자는 이 장에서 혈과 세포의 구성물, 기관 명칭 등 만물을 만드는 穴과 세포의 내부 구조를 분석하면서 이 기관들의 동태 관찰로 만물의 동정을 파악할 수 있다고 말한다.

우선 먼저 혈의 역량은 도(道), 즉 용맥에 흐르는 적덕에 따른 구성 기운에 의해 결정된다고 말한다. 그러나 이 구성 기운은 관계자의 적덕에 의해 규정을 받기 때문에 혈의 그릇은 적덕에 따른 구성기운에 따라 결정된다고 본 것이다.

만물을 만드는 혈 내부에는 유전자를 구성하는 우주 성진기운인 유전체 상(象), 각종 세포소기관으로서 물(物), 유전자 정(精), 핵소체인 신(信) 등이 존재한다고 차례로 말한다. 이것들의 명칭은 선인(先人)들이 이것의 동태로 세상의 동정을 살폈던 것으로 미루어 볼 때, 자고로 예부터 항상 존재해 왔다고 말한다.

노자는 이러한 혼(魂)이 내재화된 穴 내부의 동정을 살펴보면, 만물의 길흉화복을 인지할 수 있다고 피력한다. 인간 개별의 동향으로 인간의 길흉화복, 국가혈의 동정으로 국가의 흥망성쇠, 세계혈의 동정으로 세계에서의 길흉 동태도 인지할 수 있다. 도덕경에 따르면 세상에서 발생하는 모든 것들은 각종 관계 혈들의 내부기관들의 작용으로 나타난 것이다.

혈(穴)이 관장하는 세포 각 기관

세포 기관들은 신체 세포에만 존재하는 것이 아니라 우주 천혈, 지상 지혈에도 각각 존재한다. 이러한 세포 기관들을 관장하는 것이 바로 각종 혈들이다. 이러한 혈과 세포들은 고등생명체의 영혼과 백(魄)으로 구성되어 있다.

혼(魂)은 인사를 관장하고, 백(魄)은 육체 건강을 관장한다.

육체 건강을 관장하는 백(魄)은 모두 혼(魂)에 의해 규정된다. 동일 유전자를 지니고 있는 일란성 쌍둥이도 영혼이 다르기 때문에 유전자 형질이 다르고 동일 형질이라도 다른 천문 기운에 의해 구성되어 있다.

핵(nucleus)
- 유전정보 DNA 보유: 핵산과 단백질로 구성
  · 유전 정보가 실같은 구조로 이루어진 유전자 형태
- RNA 전사

핵소체(nucleolus)
- 단백질-DNA-RNA 복합체
- 리보솜 합성

소포체(endoplasmic reticulum)
- 단백질 및 지방 합성 및 가공의 기능 수행
- 조면소포체와 활면소포체 구분
  · 조면소포체: 단백질을 합성하는 리보솜 부착
  · 활면소포체: 스테로이드 호르몬 합성, 해독, 약물 대사, 지방질 합성, 글리코겐 대사, 이온조절

리보솜(ribosome)
- RNA와 단백질 복합체로서 세포질 내에 존재
- RNA로부터 단백질 합성 번역 담당

엽록체(chloroplast)
- 광합성 장소, 탄수화물 생성

미토콘드리아(mitochondria)
- 에너지(ATP) 생성 세포소기관.
- 자신만의 DNA 소지
- 핵 DNA 제공 소기관용 단백질로 활성 유지

골지체(Golgi apparatus)
- 진핵세포 존재
- 단백질의 가공, 변형 및 분류의 기능 수행.

리소좀(lysosome)
- 동물 세포 존재
- 단백질, 다당류 등의 큰 분자량의 생체분자 분해

액포(vacuole)
- 식물 세포 존재, 생체분자 분해 기능
- 물, 이온, 색소, 탄수화물 등의 저장

퍼옥시좀(peroxisome)
- 긴사슬지방산, 아미노산, 폴리아민 등 제거 기능

글리옥시좀(glyoxysome)
- 식물 발아 종자에서의 특화된 퍼옥시좀
- 저장 지방을 당으로 전환 기능

중심립(centriole)
- 동물세포에 존재하는 미세소관 구조체
- 세포분열 시 방추사와 결합, 염색체 분리

제16장 세포의 구조와 작동 원리 (2)

天下皆知美之爲美, 斯惡已.
천하개지미지위미 사악이
<천하에서 모두 미를 알아서 아름다움을 만들면, 그 추함이 사라진다>

皆知善之爲善, 斯不善已.
개지선지위선 사불선이
<모두 선을 알고 선함을 만들면, 그 불선은 없어진다>

故有無相生, 難易相成, 長短相形.
고유무상생 난이상성 장단상형
<고로 있고 없는 것은 서로를 생하고, 어렵고 쉬운 것은 서로를 이루고, 길고 짧은 것은 서로 모양을 만든다>

高下相傾, 音聲相和, 前後相隨.
고하상경 음성상화 전후상수
<높고 낮은 것은 서로 경사를 이루고, 음성은 서로 화음을 만들고, 앞과 뒤는 서로 따른다>

是以聖人處無爲之事, 行不言之敎.
시이성인처무위지사 행불언지교
<그리하여 성인은 무위로 일을 처리하고, 말하지 않는 깨달음을 행한다>

萬物作焉而不辭, 生而不有, 爲而不恃.
만물작언이불사 생이불유 위이불시
<혈은 만물 만들기를 사양하지 않고, 생하되 소유하지 않고, 위하되 의지하지 않는다>

> 功成而弗居, 夫有弗居, 是以不去.
> 공 성 이 불 거　부 유 불 거　시 이 불 거
>
> <공을 세우되, 차지하지 않는다. 무릇 차지하지 않음으로써 (공)이 사라지지 않는다>
>
> 恃(시): 의지하다.
> 弗(불): 아니다. 不(부)과 동일 의미.

의역　천하에서 모두 미덕으로 아름다운 결과를 만들면, 추악한 것이 사라진다. 또한 선량한 행위로 행복한 결과를 만들면, 선량하지 못한 것은 없어진다.

이것은 세포내 소포체와 전달 RNA 간의 상생(有無相生), 전사와 번역 과정(難易)에서 단백질 등의 생명물질 상성(相成), 세포 내의 염색체와 리소좀 등의 크고 작은 모양 형성(長短相形), 골지체 위아래에서의 경사(高下相傾), 상이한 기운 소리의 화합(音聲相和), 물질 합성에서의 전후과정(前後相隨) 등을 통하여 유전자 형질 발현이라는 자연적 과정을 통해 이루어진다.

따라서 성인은 욕심이 앞선 행동이 아니라 덕행을 통한 유전자 발현 등의 무위(無爲)로 매사를 자연발생적으로 이루게 한다. 또한 성인은 말로 하지 않는, 덕행이 있으면 혈·세포에서 유전자 형질 발현이 저절로 이루어진다는, 깨달음을 행한다.

구성(九星) 기운이 응집된 우주의 제반 穴은 만물을 생성하는 것을 사양하지 않는다. 또한 우주 혈은 만물을 생성하지만, 생성한 만물을 소유하지 않고, 만물을 위하지만 이것에 의지하지 않는다. 혈은 커다란 공을 세웠지만 자리를 차지하지 않는다. 무릇 단지 자리를 차지하지 않기 때문에 공(功)도 사라지지 않는다.

해석 이 장에서 노자는 혈의 작동 원리로서 적선과 적덕을 강조한다. 미행과 선행이 훌륭한 삶을 마련하고, 반대로 악행은 좋지 않은 삶으로 귀결된다고 말한다. 그러나 이것은 억지가 아니라 자연적인 우주의 섭리에 의해 진행된다.

이것은 다음과 같이 구분된다. 우선 하늘에 있는 수많은 穴, 예컨대 재물, 명예, 건강, 가족, 인간관계 등의 혈에서 우주 성진 기운을 받으면 처음으로 기운이 작동하기 시작한다. 지상에 있는 지혈 및 천지혈에서도 생명기운을 만든다. 이러한 제반 기운들이 사람의 혈·세포에 공급되면 세포가 스스로 작용하면서 건강유지는 물론, 인간의 길흉화복과 부귀빈천을 만들어낸다.

그러나 노자는 이러한 혈들이 제대로 작동하기 위해서는 덕행(德行)이라는 행위가 매개되어야 이루어진다고 설파한다. 덕행(德行)이 행해지면, 자미원 음덕(陰德) 성진에 있는 음덕혈에서 덕행에 따른 보상이 神들의 매개로 유전체에 반영된다. 이러한 과정에서 유전자의 작용력이 증대된다. 패덕 행위는 그 반대 현상으로 나타난다. 이러한 측면에서 선함이 선한 것을 만들어내면 선하지 않는 것이 사라지게 된다고 이 장 머리말에서 언급하고 있는 것이다.

제반 혈들은 만물을 생해도 주재하지 않고, 공을 세워도 거기에 머무르지 않는 등 사적 보상 행위가 배제된다. 혈 작용에는 적덕과 패덕 행위가 반영될 뿐이다. 이 때문에 '혈의 올바른 기운을 받기 위해서는 사람들은 혈의 작동 원리에 부합하는 적덕에 의한 무위(無爲)를 추구해야 훌륭한 삶을 얻게 된다'고 강조한다.

이 장에서 노자는 덕행, 적덕의 당위성, 과학성 등을 우주 도의 원리와 세포의 작동 구조를 통하여 입증하고 있는 것이다.

제17장 신(神)과 혈·세포 영역 (29)

將欲取天下而爲之, 吾見其不得已.
장 욕 취 천 하 이 위 지   오 견 기 부 득 이
<사람들이 장차 천하를 취하고 그것을 다스리고자 하지만, 나는 그것을 얻지 못할 것으로 안다>

天下神器. 不可爲也, 不可執也.
천 하 신 기   불 가 위 야   불 가 집 야
<천하는 신의 그릇이다. 만들 수 없고 잡을 수도 없다>

爲者敗之, 執者失之.
위 자 패 지   집 자 실 지
<만들려는 사람은 실패하고 집으려는 사람은 잃어버린다>

是以聖人無爲, 故無敗, 無執, 故無失.
시 이 성 인 무 위   고 무 패   무 집   고 무 실
<그리하여 성인은 무위를 행하여서 패하지 않고, 잡으려고 하지 않기 때문에 잃어버리는 것이 없다>

故物或行或隨, 或噓或吹. 或强或羸, 或載或隳.
고 물 혹 행 혹 수   혹 허 혹 취   혹 강 혹 리   혹 재 혹 휴
<고로 물질(세포소기관)들은 늘 행하고 항상 따른다. 혹시 불어내고 혹은 내뿜는다. 혹시 강한 것이 있고 또한 여린 것도 있다. 혹은 탑재하고 있는 것이 있고 쓸모없게 되는 것도 있다>

是以聖人去甚, 去奢, 去泰.
시 이 성 인 거 심   거 사   거 태
<그리하여 성인은 심한 것을 버리고, 화려한 것을 버리고 큰 것을 버린다>

噓(허): 불다.
贏(리): 여리다.
隳(휴): 쓸모없게 되다.

의역 누가 장차 천하를 얻어서 다스리고자 하지만, 나는 그러한 시도가 성공할 수 없음을 안다.

천하는 神이 만들어 놓은 그릇이다. 따라서 신들이 설정해 놓은 조건에 부합하지 않으면 만들 수도 없고 잡을 수도 없다. 신의 설정 조건에 부합하지 않으면서 도모하는 사람은 실패하고, 또한 얻으려는 사람 역시 실패할 수밖에 없다.

따라서 성인은 神의 설정 조건에 부합되는 적덕 행위를 통해 무위(無爲)의 행위를 하기 때문에 실패하지 않으며, 무리를 해서 잡으려고 하지 않기 때문에 잃을 것이 없다.

神의 관장 영역은 다음과 같이 혈 내부의 과정이다. 세포 소기관(物) 가운데 리보솜은 산알·단백질을 만드는 행위를 하고, 핵소체는 리보솜을 만드는 수동적 역할을 한다(物或行或隨). 생성된 단백질은 골지체를 통과하면서 다른 물질로 변형되거나 가공되고, 리소좀은 불필요한 물질을 잡아서 외부로 불어서 내보낸다(或噓或吹). 미토콘드리아처럼 에너지를 만드는 막강한 역할을 하기도 하고, 액포나 소낭처럼 작고 약한 물질도 있다(或强或贏). 혹은 소포체처럼 리보솜을 잡아서 탑재하기도 하고, 세포분열 시 중심립처럼 형체가 없어지는 개체도 있다(或載或隳).

이러한 이유로 성인은 욕심을 앞세워서 일을 억지로 도모하지 않고 교만과 오만을 버리고 자연에 따르는 무위(無爲)를 행한다.

해석 이 장에서 노자는 혈·세포 내부 물질영역 가운데에는 神이 관장하는 영역이 있기 때문에 자연을 따르는 무위(無爲)를 행하라고 피력하고 있다.

사람들이 천하를 얻어서 통치하려고 하지만, 대부분 실패하는 이유는 (천하관련 장 참조) 천하혈을 얻을 수 있는 적덕, 마음수양 등이 부족한 데 있다. 이에 따라 본인 인사혈이나 세포에서 유전자는 물론, 각종 소기관들도 제대로 작동할 수 없다. 이 까닭에 사람들이 신들의 설정 조건을 충족시키지 못하면, 신들이 관장하는 세포 기관은 작동하지 않는다.

특히 정기신(精氣神) 삼자에서 神들은 산알 내지 단백질 합성을 관장하는 핵소체, 소포체, 리보솜 등의 소기관은 물론, 생성물질을 가공·변형시키는 골지체, 에너지 생성 기관으로서 미토콘드리아, 유해물질 배출하는 리소좀, 세포분열시 역할을 하는 중심립 등의 소기관 작동을 모두 관장한다. 이 때문에 신들의 설정 조건을 충족시키지 않는 사람들의 혈과 세포에서는 신들의 작동 미흡으로 천하를 얻고 다스리는 생명물질이 생성되지 않는다.

이러한 점에서 성인이 행하는 무위(無爲)는 신들이 설정해 놓은 적덕과 정신수양을 전제한다. 또한 청정하고 겸손한 마음으로 적덕 행위를 하면 천하는 그러한 사람에게 자연스럽게 돌아가는 것이 기본원칙이다.

이러한 성인의 무위 행위는 세포내 소기관 가동을 좋은 방향으로 변화시킨다. 예컨대 유전자 형질 발현을 억제하는 나쁜 RNA를 생성하지 않게 하고, 유해산알 내지 유해단백질을 생성하는 DNA를 제거하고, 인사·건강 상 좋은 물질을 산화시키는 퍼옥시즘 활동을 약화시킨다. 이외에도 활면소포체가 만들어내는 유해 물질 생성을 억제하거나 유해물질을 제거한다. 이것은 사람들의 무위 행위에 신들이 긍정적으로 반응하기 때문이다. 반대로 말하면 신들에 대한 기도가 소용없는 것은 신들이 설정한 객관적 조건들을 충족시키지 못하기 때문이다.

성인은 마음 수양과 적덕 행위가 천지에 산재하는 모든 혈은 물론, 신체 혈 및 세포의 활동과 밀접하게 연관되어 있다는 것을 인식한다. 따라서 경솔한 자세로 패덕 행위를 하지 않고 정신수양, 적덕 등의 무위의 행위를 한다. 이러한 측면에서 노자는 천하는 神들이 만들어 놓은 그릇으로 판단한 것이다.

제18장 적덕·패덕과 세포 작동의 상이성 (17)

太上, 不知有之.
태 상 불 지 유 지
<최고의 통치자는 (백성들이 그가) 있는지를 모른다>

其次, 親而譽之.
기 차 친 이 예 지
<그 다음 통치자는 (백성들과) 사이가 좋고 (백성들이) 그를 찬양한다>

其次, 畏之.
기 차 외 지
<그 다음 통치자는 그를 두려워한다>

其次, 侮之.
기 차 모 지
<그 다음 통치자는 그를 업신여긴다>

信不足焉, 有不信焉.
신 부 족 언 유 불 신 언
<신이란 것이 부족하거나 잘못된 신이 있다>

悠兮! 其貴言, 功成事遂.
유 혜 기 귀 언 공 성 사 수
<한가롭구나! 통치자가 말이 없어도 공은 이루어지고 일도 성취된다>

百姓皆謂我自然.
백 성 개 위 아 자 연
<백성들은 모두 우리는 원래 그렇다고 말한다>

譽(예): 칭찬하다.
侮(모): 업신여기다.

의역 최고의 통치자는 백성들이 그가 있는지를 알지 못한다. 차위의 통치자는 백성들이 그를 친근하게 생각하고 칭찬하는 경우이다. 그 다음으로는 백성들은 통치자를 두려워하고, 그 다음은 그를 업신여긴다.

이것은 통치자가 유전자 핵소체(信)[11]의 부족으로 인한 통치 단백질·산알의 부족으로 다스리는 것이 못 미치고, 생성 단백질·산알의 오염으로 나라에 흉사가 발생하기 때문이다.

세상이 한가롭구나! 쌓인 공덕으로 충분한 핵소체가 생성되고 통치 산알이 충분하게 만들어지면, 통치자가 명을 내리지 않아도 나라 일은 저절로 잘 이루어지게 된다.

백성들은 만사가 잘 이루어지면, 우리는 모두 원래 그렇다고 말한다.

해석 노자는 이 장에서 통치자에 대한 다양한 평가가 나오는 것은 적덕·패덕에 따른 세포 작동의 상이성으로 유전자 형질 발현에 그 차이가 있기 때문인 것으로 본다.

---

11) 신(信)이란 세포핵 내부 중심부에 차지하고 있는 핵소체를 지칭하는 말이다. 핵소체가 핵의 중심부에 있어서 오행 토(土)가 중앙에 배치되는 명칭 신(信)을 가져다 쓴 것으로 판단된다. 이 핵소체에서 리보솜이 만들어지고, 리보솜에서 단백질이나 산알이 생성된다.

존재조차 모르는 최상의 통치자, 칭찬을 받는 통치자, 무서워하거나 비난을 받는 통치자 등은 공덕의 차이에 의한 통치 유전자 형질 발현의 차이로부터 비롯된다. 일반적으로 공덕과 유전자 형질 발현은 비례하기 때문이다. 일반적으로 통치자의 업적 역시 적덕 여부에 따른 유전자 핵소체의 작동과 밀접한 관계를 지니고 있다.

공덕(功德)이 많은 통치자일수록 각종 통치 단백질 형성에 관여하는 핵소체가 증가하면서 외교안보, 경제, 복지, 교육, 문화 등 각종 통치 산알이 정상적으로 생성된다. 이로써 나라가 편안해지고 백성들은 행복한 삶을 영위하게 된다.

그러나 패덕이 쌓이면 자미원 천리(天理), 천뢰(天牢), 천시원 관삭(貫索), 천기(天紀), 종정(宗正) 성진(星辰)의 흉한 혈들이 발동한다. 이로 인하여 작동가능 핵소체가 감소되거나 오염된 산알이 생성되면서 나라에 흉사가 빈번하게 발생하거나 통치는 권위주의 행태를 띠게 된다. 더욱이 패덕으로 통치 산알과 관련 단백질을 오염시키면, 백성들은 민생에서도 불만을 갖고 통치자를 비난하고 저항하게 되는 것이다.

적덕이 쌓이면 각종 道에 탐랑, 거문, 무곡, 좌보, 우필 등의 길한 구성이 흐르고, 패덕이 쌓이면 점차 녹존, 염정, 파군 등의 흉한 구성이 흐르게 되면서 길흉 쌍곡선이 만들어지게 되는 것이다. 이것은 국가 통치는 물론, 세상만사에 적용되는 불변의 진리이다.

3
도(道)·혈(穴)의
변동과 인간 자세

바다열

3

도(道)·혈(穴)의 변동과 인간 자세

3.1. 도(道)·혈(穴)의 성격과 인간 자세

제19장   도(道)·혈(穴)의 내외적 성격: 형태·기능·위치·처신 (41)

上士聞道, 勤而行之.
상 사 문 도   근 이 행 지
<상사는 도의 설명을 들으면, 부지런하게 그것을 행한다>

中士聞道, 若存若亡.
중 사 문 도   약 존 약 망
<중사는 도를 들으면, 있기도 하고 없기도 한 것 같다고 말한다>

下士聞道, 大笑之. 不笑不足以爲道.
하 사 문 도   대 소 지   불 소 부 족 이 위 도
<하사가 도를 들으면, 크게 비웃는다. 비웃지 않으면, 그것으로 도를 삼기에는 부족하다고 말한다>

故建言有之.
고 건 언 유 지

<고로 (도에 대해) 제안할 말이 있다>

明道若昧. 進道若退. 夷道若纇.
명 도 약 매   진 도 약 퇴   이 도 약 뢰

<밝은 도는 어두운 것 같다. 나아가는 도는 물러나는 것과 같다. 평이한 도는 마디를 가지고 있는 것 같다>

上德若谷. 大白若辱. 廣德若不足.
상 덕 약 곡   대 백 약 욕   광 덕 약 부 족

<상덕은 계곡과 있는 것 같다. 커다란 하얀 것은 더러운 것 같다. 넓은 덕은 부족한 것 같다>

建德若偸. 質眞若渝.
건 덕 약 투   질 진 약 투

<덕을 세우는 것은 살며시 하는 것과 같고, 질 좋은 참된 것도 변하는 것 같다>

大方無隅. 大器晩成. 大音希聲.
대 방 무 우   대 기 만 성   대 음 희 성

<커다란 방형은 모서리가 없고, 큰 그릇은 늦게 만들어지고, 큰 소리는 듣기 어렵다>

大象無形. 道隱無名.
대 상 무 형   도 은 무 명

<큰 모양은 형태가 없고, 도는 숨어 있어서 이름이 없다>

夫唯道善貸且成.
부 유 도 선 대 차 성

<무릇 오로지 도는 착한 것을 베풀고 이루게 한다>

> 纇(뢰): 마디.
> 偸(투): 살며시 하다.
> 渝(투): 달라지다. 변하다.

의역 상급의 인사는 道의 개념, 구조, 만물에 대한 영향 등에 대한 원리를 들으면, 바로 부지런히 道를 행한다. 중급의 인물은 도를 들으면 있기도 하고 없기도 한 것 같다고 말한다. 하급의 인사가 도 이야기를 들으면, 크게 비웃는다. 그렇지 않으면 그 설명이 道로 삼기에는 매우 부족하다고 말한다.

따라서 나는 도에 대한 설명을 다음과 같이 한다.

- 밝은 도는 어두운 것 같다는 말은, 좋은 기운이 밝은 道가 만든 혈은 어두운 곳에 숨어 있어서 발견하기가 어렵다는 말이다.
- 기운이 나아가는 道는 오히려 후퇴하는 것 같다는 말은, 만사가 형통하려면 사람들의 처신이 겸손해야 한다는 말이다.
- 평평한 道 위에 마디가 있다는 말은, 기다란 맥에 좋은 혈이 마디마다 맺혀 있다는 말이다.
- 상위의 덕은 골짜기 같다는 말은, 만물에게 좋은 덕을 베풀어 줄 수 있는 혈은 주변 산이 감싸고 있는 골짜기에 있다는 말이다.
- 커다란 흰 것이 더럽다는 말은, 강력한 권력(白은 권력의 색)을 만들어내는 혈은 더러운 곳에 있다는 말이다.
- 넓은 덕이 부족하다는 말은, 광덕을 지닌 혈이 작동하기에

는 아직 덕이 부족하다는 말이다.
- 덕을 세우는 것을 살며시 하라는 말은, 덕행을 알지 모르게 행하라는 말이다.
- 질 좋은 참된 것이 변한다는 말은, 진혈도 영원히 작동하지 않고 나중에 나쁜 기운으로 변화한다는 말이다.
- 커다랗게 네모진 것은 모서리가 없다는 말은, 대간룡 거문은 다른 구성 기운이 들어와서 네모진 거문의 모서리가 사라졌다는 말이다.
- 큰 그릇은 늦게 만들어진다는 말은, 사람의 그릇은 오랜 시간 동안 덕행이 축적되어야 만들어질 수 있다는 말이다.
- 커다란 소리는 드물게 듣는다는 말은, 혈 내부의 좋은 파장 소리를 사람들이 듣기 어렵다는 말이다.
- 커다란 성진 기운은 형태가 없다는 말은, 천하를 통치할 수 있는 자미원국 같은 천하대지는 일반인들이 발견하기가 어렵다는 말이다.
- 도가 이름이 없이 숨어 있다는 말은, 우주 본원혈, 세계혈, 국가혈, 지역혈, 가문혈, 생명체 개별혈 등은 인간이 인식하지 못하고 파악할 수 없는 형태로 천지간에 존재한다는 말이다.

무릇 道에 흐르는 기운만이 만물을 생장시킬 수 있는 좋은 기운을 제공한다.

[해석] 이 장은 추상적 도를 설명하기 위해 도의 형태, 도의 기능, 도에 부합하는 처신, 도의 작동방식, 도의 위치 등 道·穴

의 내외적 성격을 은유적으로 설명하고 있다. 道 내적으로는 천지 혈 원리에 맞는 수양 및 처신을 강조하고, 외적으로는 각종 혈을 비유적으로 언급하고 있다.

(도의 형태 및 위치) 도는 찾기 어려운 곳에 존재; 혈은 마디에 존재; 진혈은 들어간 계곡에 존재; 대혈 포착의 어려움; 본래의 형태를 갖추고 있지 않는 대간룡
(도에 부합하는 처신) 겸손; 남 몰래 행하는 적덕; 덕행의 축적으로 혈의 작동 개시
(도의 기능) 권력도 더러운 곳에 존재하는 혈에 의해 결정; 알지 못하는 수많은 혈에 의해 만물의 길흉화복 결정; 道만이 만물을 생성하게 함.
(도의 시간성) 도(道) 역시 영원히 존재하지 않고 시간적 구속성 존재

이 장에서 노자는 보이지 않는 형이상학적 대상으로서 만사가 구성이 흐르는 道에 의해 결정된다고 말한다. 권력도 도·혈에서 나오며, 알지 못하는 수많은 무명의 혈에 의해 만물의 길흉화복이 결정되고, 道만이 만물을 생성한다고 은유적으로 말하고 있다.

이러한 道는 찾기 어렵지만 실제로 산으로 둘러싸인 계곡, 또는 산 언덕 용맥 위에 마디마다 있다. 특히 자미원국 같은 진혈은 일반인들이 발견하기 어려운 곳에 숨어 있다. 사람들이 알지 못하는 국가혈, 가문혈 등은 인간이 파악할 수 없는 형태

로 천지간에 존재한다. 이러한 도·혈도 영원히 작동하는 것이 아니라 시간적 제한성이 있다. 여기에서 道는 천문지리적으로 천도나 용맥에 해당되며, 천도와 용맥 위에 맺혀진 혈로도 볼 수 있다.

덕행도 마음자세와 행위의 道로서 길흉화복에 지대한 영향을 미친다. 겸손, 알지 못하게 행하는 적덕, 수많은 덕행 등이 축적되어야 혈의 작동이 개시된다고 말하면서 도·혈의 작동원리와 부합하는 적정한 마음자세와 처신이 필요하다고 피력하고 있다.

제20장 도·혈(道·穴)의 기본 기능: 일의성취·면죄 (62)

道者萬物之奧. 善人之寶, 不善人之所保.
도 자 만 물 지 오   선 인 지 보   불 선 인 지 소 보

<도란 것은 만물을 만드는 은밀한 것이다. 착한 사람의 보배이고 착하지 않는 사람도 보유해야 할 것이다>

美言可以市尊, 美行可以加人.
미 언 가 이 시 존   미 행 가 이 가 인

<미언은 세상의 존중을 받을 수 있고, 미행도 본받는 사람들을 늘릴 수 있다>

人之不善, 何棄之有?
인 지 불 선   하 기 지 유

<사람이 착하지 못한 것은 어떻게 없앨 것인가?>

故立天子, 置三公, 雖有拱璧以先駟馬,
고 립 천 자   치 삼 공   수 유 공 벽 이 선 사 마

<고로 천자를 세우고 삼공을 임명하고, 곧 사두마차를 앞세움으로써 사람들이 받들어 모시게 한다고 한들,>

不如坐進此道.
불 여 좌 진 차 도

<앉아서 이 도를 진전시키는 것만 못하다>

古之所以貴此道者何?
고 지 소 이 귀 차 도 자 하

<옛날에 이 도라는 것을 귀하게 여긴 까닭은 어찌 된 일인가?>

不曰求以得, 有罪以免邪?
불 왈 구 이 득   유 죄 이 면 사

<구함으로써 얻고 죄가 있어도 면함이 있어서가 아닌가?>

故爲天下貴.
고 위 천 하 귀
<고로 도는 천하의 귀한 것이 되었다>

雖(수): 곧, 바로.
駟馬(사마): 사두마차.
拱璧(공벽): 둘러싸서 받들어 모시다.

의역 道·穴에는 만물을 생성하는 심오한 형이상학적 이치가 담겨져 있다. 따라서 도(道)는 선행을 행하는 사람의 보배이고 선하지 않는 사람도 마땅히 지녀야 할 것이다.

아름다운 덕담은 세상의 존경을 받을 수 있고, 아름다운 행위는 본받는 사람들을 늘리게 할 수 있다. 그러면 사람들이 선하지 못한 것은 어떻게 없앨 수 있는가?

천자를 세우고자 하고, 삼공에 임명되고자 하고, 단지 사두마차를 앞세워서 세상 사람들로 하여금 받들어 모시게 하려는 유위적 행동은 위에서 말한 미언, 미행 등과 같이 道를 진전시키는 것만 못하다.

옛날에 이러한 도를 귀하게 여긴 것은 어찌 된 까닭인가?

얻고자 하는 것을 얻고 죄가 있어도 면할 수 있다는 것을 말하는 것이 아닌가?

그리하여 道는 천하의 귀한 보배가 되었다.

[해석] 여기에서 노자는 도가 만인의 보배라고 말하면서 道를 귀한 것으로 여긴 원인으로 소원성취나 면죄를 들고 있다.

사람들이 도를 얻기 위해서는 미언, 미행 등의 적덕이 필수불가결하게 요구된다고 말한다. 여기에서 道란 실제적으로는 음택, 양택, 가문혈, 성현혈, 국가혈, 천하혈 등을 의미한다. 다른 장에서도 강조했지만 이러한 혈을 얻기 위해서는 미언, 미행 등의 적덕이 요구된다. 덕이 부족하면서 인위적으로 부귀를 취하려고 하지만, 실제로 이것은 얻기가 쉽지 않다. 이것은 적덕 기운이 해당 유전자 형질 발현을 위한 기운을 공급해주지 않으면 안 되기 때문이다.

따라서 천자, 삼공 등의 지위에 오르려는 작위에 따른 무모한 행동보다는 미언, 미행 등의 적덕에 의한 무위의 행위를 하라고 조언하고 있다. 덕행이 거듭되면 음·양택혈, 가문혈, 국가혈, 천하혈 등을 얻을 수 있는 음덕혈이 작동하면서, 이러한 혈들로부터 얻은 기운으로 구하려는 것을 실제로 얻을 수 있기 때문이다.

뿐만 아니라 전생에서 만들어진 불선(不善)에 의한 업장이나 패덕에 의한 잠복된 흉기가 만들 수 있는 죄도 관련 穴의 생기로 발동이 지연되거나 면해질 수 있다는 의미이다. 이러한 측면에서 도와 혈은 만물에게 생기를 주면서 어떤 것을 이루게 하는 은밀한 형이상학적 물체로 평가하고 있는 것이다.

제21장 도·혈의 작동원리와 인간 자세 (45)

大成若缺, 其用不敝.
대성약결   기용불폐
<크게 이루는 것은 부족한 것 같지만, 그 쓰임이 지치지 않는다>

大盈若沖, 其用不窮.
대영약충   기용불궁
<(혈에 기운이) 크게 차면 기운이 움직이는 것과 같다. 그 쓰임새가 궁하지 않다>

大直若屈. 大巧若拙. 大辨若訥.
대직약굴   대교약졸   대변약눌
<크게 바른 것은 굽은 것 같다. 커다란 기교는 서투른 것과 같고, 커다란 분별은 어눌한 것 같다>

靜勝躁, 寒勝熱, 淸靜爲天下正.
정승조   한승열   청정위천하정
<청정함이 성급함을 이기고, 차가운 것이 뜨거운 것을 이긴다. 그리하여 청정한 것이 천하의 바른 것이 되었다>

敝(폐): 지치다. 떨어지다.

의역 도의 원리대로 혈에 기운이 약간 부족하게 채워지면, 크게 이루게 되고 그 쓰임이 막히지 않는다. 기운이 80% 정도 채워져서 氣가 움직이면, 그 쓰임이 궁하지 않다.

회룡고조(回龍顧祖)의 도(道)로 일컫는 용맥이 굽어져 있으면, 그 다음 입수룡은 크게 똑바로 곧아야 한다. 사람이 우주 원리에 대한 밝음(明)이 없이 졸렬하다면 단지 수단 방법을 가리지 않고 자신의 욕구만을 채우는 커다란 기술만을 갖고 있을 뿐이다. 진정성을 지닌 사람의 말은 어눌함에도 불구하고 도의 원리를 담고 있다.

혈의 일반적 특성처럼, 고요한 청정(靜)함이 조급함을 이기고 한기가 열기를 이긴다.

혈의 기운처럼 사람들이 청정(淸靜)한 마음과 자세를 갖는 것이 바로 천하의 바른 것이 된다.

해석 노자는 이 장에서 도·혈의 작동원리에 따른 인간의 자세를 강조하고 있다. 혈의 작동 여건과 인간 처신과의 관계와 함께, 외부 지상 진혈의 결작 형태 등 혈의 기능에 대해서도 비유적으로 언급하고 있다.

혈이 제대로 작동하려면, 우선 욕심으로 기운이 완전히 채워져서는 안 된다. 혈 기운은 80% 정도 채워지면, 실제로 자동적으로 움직인다는 것을 강조한다. 나쁜 혈은 열기로 가득 차있다. 열기로 가득 찬 마음과 행태는 좋은 혈 기운이 아니라 흉혈 기운을 수취한다고 시사한다. 따라서 청정한 것이 천하의 바른 것이라고 설파하고 있다.

이 장에서 사람들이 욕심이 없는 청정하고 냉철한 마음가짐을 요구하는 원인은 도·혈의 원래 기운이 그렇기 때문인 것으로 말하고 있다.

예컨대 욕심은 혈 기운을 완전히 채움으로써 혈의 정상 작동을 못하게 만든다. 道의 원리에 부합되지 않는 조급하고 가벼운 마음가짐과 행태는 기 알갱이를 쭉정이처럼 비어 있게 만들기 때문에 행하는 일이 실패과정에 노정되어 있다고 말한다. 욕심이 없는 청정한 마음가짐과 들뜨지 않는 차가운 마음은 길한 구성이 신체 경락은 물론, 외부 천지 도·혈에 흐르게 함으로써 유전자 형질을 자연스럽게 발현시킨다.

그 다음으로는 외부에 회룡고조 형태의 혈이 필요하다고 언급한다. 욕심과 청정한 마음 자세가 있다고 할지라도 외부 음양택혈, 가문혈, 지역혈, 국가혈 등을 얻지 못하면 길한 기운을 증대시킬 수 없기 때문이다. 이러한 혈을 얻기 위해서는 과도한 사익추구 행태가 아니라 청정한 마음으로 행하는 적덕이 당연히 요구되는 필수적 조건이다.

3.2. 기운의 유강(柔强)과 손익관계

제22장 기운의 유약성과 무위(無爲)의 유익성 (43)

> 天下之至柔, 馳騁天下之至堅, 無有入於無間.
> 천하지지유 치빙천하지지견 무유입어무간
> <천하가 유함에 이르면, 천하의 강건함을 부린다. 보이지 않는 것(氣)이 보이지 않는 틈새(유전자)로 들어간다>
>
> 吾是以知無爲之有益. 不言之敎.
> 오시이지무위지유익 불언지교
> <나는 이 까닭으로 무위가 이익이 된다는 것을 안다. 형용할 수 없는 깨달음이다>
>
> 無爲之益, 天下希及之.
> 무위지익 천하희급지
> <무위의 이익, 천하에 이 깨달음에 도달한 사람이 드물다>
>
> 馳騁(치빙): 일을 시키거나 부리다.
> 無有(무유): 보이지 않는 것.
> 言(언): 형용하다. 표현하다.

의역 천하의 기운이 유한 상태에 도달하면, 천하의 강한 견고한 기운을 부린다. 있지만 보이지 않는 것, 즉 유약한 기운(精氣神)이 보이지 않은 유전자 내부로 들어온다.

그리하여 나는 덕행, 처신, 마음 수행 등의 무위(無爲)가 유익하다는 것을 안다.

무위(無爲)의 유약한 기운이 이익을 가져온다는 형용할 수 없는 깨달음에 도달한 사람은 천하에서 찾기가 쉽지 않다.

해석 이 장에서 노자는 기운의 유약성과 무위(無爲) 사이의 유익성에 대한 상관관계를 논하고 있다.

유(柔)가 강(强)을 이긴다고 말하는 까닭은 유한 기운이 길한 구성의 저주파로서 유전정보를 많이 담고, 흉한 구성이 많은 강한 기운은 유전정보를 많이 담지 못하기 때문이다. 사람 신체는 수많은 천지혈로부터 유전정보를 실고 오는 각종 기운을 가지고 몸에서 필요 물질을 생산해 낸다. 그리하여 유한 기운이 강한 기운을 이긴다고 말하는 것이다(아래 장에서 상술).

특히 덕행·겸양에 기초한 무위 행위만이 기운을 유하게 만들 수 있기 때문에 덕행, 처신, 수행 등 도(道)에 부합하는 무위(無爲)를 강조하고 있는 것이다. 그리하여 무위는 유약한 구성 기운으로 유전자 형질 발현을 추동하지만, 무리하게 얻으려는 유위(有爲)나 감위(敢爲) 행위는 흉한 구성기운이기 때문에 유전자 형질 발현을 억제한다. 이 때문에 사람들은 道에 길한 구성이 흐르는 무위를 행해야 뜻을 성취할 수 있다는 점을 노자는 이 장에서 강조하고 있는 것이다.

그러나 유함이 강함을 이기는 무위(無爲)가 우주의 진리임에도 불구하고 사람들은 이러한 깨달음을 인지하고 행동에 옮기는 사람이 별반 없다고 강조한다.

제23장 기운 유강(柔强)의 생사론(生死論) (76)

人之生也柔弱, 其死也堅强.
인 지 생 야 유 약   기 사 야 견 강
<사람이 살아 있을 때는 유약하다. 그것이 죽으면 견강하다>

萬物草木之生也柔脆. 其死也枯槁.
만 물 초 목 지 생 야 유 취   기 사 야 고 고
<만물 초목이 살아 있을 때는 유하고 약하다. 그것이 죽으면 마르고 굳는다>

故堅强者死之徒, 柔弱者生之徒.
고 견 강 자 사 지 도   유 약 자 생 지 도
<고로 견강한 것은 죽음의 무리이고, 유약한 것은 삶의 무리이다>

是以兵强則不勝, 木强則折. 强大處下, 柔弱處上.
시 이 병 강 즉 불 승   목 강 즉 절   강 대 처 하   유 약 처 상
<그러므로 병사가 강하면 이기지 못하고, 나무가 강하면 부러진다. 그리하여 강한 것은 아래에 처하고, 유약한 것은 위에 처한다>

也(야): ...인 때는.
脆(취): 무르다. 약하다.
槁(고): 마르다. 굳는다.
徒(도): 무리. 패거리.

의역 사람들이 살아 있을 때는 몸이 유약하고, 죽으면 몸이 굳고 뻣뻣해진다. 만물과 초목도 살아 있을 때는 유약하지만, 죽으면 마르고 굳은 형태로 변한다.

따라서 굳고 강한 것은 죽어 있는 무리이고, 유약한 것은 살

아 있는 무리이다. 같은 이치로 군대가 강하면 오히려 기운이 약화되어 승리하기 어렵고, 나무가 강하면 오히려 꺾어지기 쉽다. 따라서 강대한 것은 하급이고 유약한 것이 상위를 차지한다.

보기 해석 노자는 여기에서 자연에 비유하여 '유약한 것이 강한 것보다 상위에 있다'는 기운 유강(柔强)의 생사론(生死論)을 피력하고 있다.

'유약한 것이 강건한 것을 이긴다'는 견지는 기가 유연해야 많은 유전체(genome) 정보(象)를 담을 수 있고 또한 유전자 형질이 충분히 발현되기 때문이다. 기가 강건하면 녹존, 염정, 파군 등의 흉한 구성의 고주파가 되면서 정보 수송이 제한·억제되어서 유전자 형질 발현이 충분하지 않게 되거나, 오염된 유전자 형질 발현이 된다.

이 장에서 노자는 도의 원리로서 탐랑, 거문, 무곡 등과 같은 길한 구성은 유약한 반면, 녹존, 염정, 파군 등의 흉한 구성은 강하기 때문에 유약한 것이 강건한 것을 이긴다고 말한다. 유약한 길한 구성은 적덕에 의해 생성되는 반면, 강한 흉한 구성은 패덕에 의해 만들어진다. 더욱이 강한 흉한 구성이 성하게 되면 만물은 사망에 이르고, 이것은 부도(不道)라고 지속적으로 이야기 한다.

제24장 강(强)을 이기는 수(水)의 유약성 (78)

天下莫柔弱於水, 而攻堅强者莫之能勝.
천 하 막 유 약 어 수   이 공 견 강 자 막 지 능 승

<천하에서 수보다 유약한 것은 없다. 강한 것을 공격하는 데에 있어서 수를 이길 수 있는 것이 없다>

以其無以易之. 弱之勝强, 柔之勝剛.
이 기 무 이 역 지   약 지 승 강   유 지 승 강

<그 보이지 않는 것(길한 기운)으로 그것을 변화시키기 때문이다. 그리하여 약한 것이 강한 것을 이기고 유한 것이 굳센 것을 이긴다>

天下莫不知. 莫能行.
천 하 막 부 지   막 능 행

<천하는 (이것을) 알지 못하는 사람이 없다. (그러나) 행할 수 있는 사람도 없다>

是以聖人云,
시 이 성 인 운

<따라서 성인이 이르되,

收國之垢, 是謂社稷主. 收國不祥, 是謂天下王.
수 국 지 구   시 위 사 직 주   수 국 불 상   시 위 천 하 왕

<국가의 수치를 받아야 사직의 주인이 된다고 말한다. 국가가 상서롭지 못한 것을 받아야 천하의 왕이 된다고 말한다>

正言若反.
정 언 약 반

<올바른 말은 반대인 것과 같다>

垢(구): 수치.

의역 천하에 수(水)보다 유약한 것은 없다. 특히 강건한 것의 공격에 水를 능가하는 것이 없다. 水는 상대를 변화시킬 수 없기 때문에, 상대를 약하게 만들어서 강한 상대를 이긴다. 수(水)의 보이지 않는 유한 기운이 이러한 방식으로 강건한 것을 이긴다.

천하에는 이것을 모르는 사람이 없지만, 水처럼 행동할 수 있는 사람도 별반 없다. 따라서 성인이 이르되, 水의 유약성과는 다르게 강하게 일을 추진한 결과로 국가의 굴욕적 수치를 경험해 보아야 비로소 사직의 주인이 될 수 있다. 또한 강한 정책의 추진으로 나라에 상서롭지 못한 사건의 발생을 목도해야 천하의 왕이 될 수 있다.

올바른 말은 일반적으로 아는 것과 반대인 경우가 많다.

해석 이 장에서 노자는 강(强)을 이기는 水 기운의 유약성을 거론하면서 水처럼 처신하라고 주문한다. 水는 유약하지만 상대와 싸우지 않고 강한 상대를 약화시킴으로써 강한 것을 이길 수 있다고 피력한다.

이러한 水의 기능은 우주 자체에 내재되어 있는 水의 작용 원리에 의거한다. 예컨대 지상에 존재하는 水는 우주 하늘에서도 기(氣)의 형태로 존재한다. 지상에 존재하는 모든 것은 우주 하늘에 존재하는 상(象)이 땅에 투영되어 생성된 것이다. 노자는 하늘 기운의 기능을 인지하고 땅에 존재하는 형상으로 비유하면서 설명하고 있는 것이다. 실제로 水에는 구성 가운데 탐랑, 거문, 무곡, 좌보, 우필 등의 길한 기운이 내재되어 있다. 이러한 길한 구성의 작용으로 유한 水 기운이 실제로 흉한 기운을 제거할 수 있다.

노자가 강조하는 水의 특성과 반대로 강건하게 나라를 다스리면, 흉한 구성이 작용하여 굴욕적 수치, 기이한 흉사 등을 겪게 된다. 세상 사람들은 이러한 것을 실제로 경험한 이후라야 비로소 자신의 행태를 바꾼다고 노자는 언급한다.

이러한 노자의 담론은 인식이 불가능한 형이상학에 기반을 두고 있기 때문에 사람들이 노자의 말이 우주의 진리임에도 불구하고 쉽게 따르지 않는다. 따라서 우주의 진리가 담겨 있는 말은 반대인 경우가 많다고 언급하고 있다.

제25장 수(水)의 최고덕목 상선(上善): 부쟁지덕(不爭之德) (8)

上善若水.
상 선 약 수
<최고의 선은 물과 같다>

水善利萬物而不爭. 處衆人之所惡. 故幾於道.
수 선 리 만 물 이 부 쟁   처 중 인 지 소 오   고 기 어 도
<수의 착함은 만물을 이롭게 하고, 다른 것과 다투지 않는다. 사람들이 싫어하는 곳에도 있다. 따라서 도에 가깝다>

居善地, 心善淵,
거 선 지   심 선 연
<(수가) 좋은 장소에 있고 중심되는 곳이 조용하고 깊다면,>

與善仁, 言善信.
여 선 인   언 선 신
<착한 어짊을 베풀고 좋은 신이란 것(핵소체)을 준다고 헤아릴 수 있다>

政善治, 事善能, 動善時.
정 선 치   사 선 능   동 선 시
<정사에서는 좋은 다스림을 베풀고, 일에는 훌륭한 능력을 주고, 움직임에 적절한 시기를 알려준다>

夫唯不爭, 故無尤.
부 유 부 쟁   고 무 우
< 무릇 오로지 다툼이 없다. 따라서 재앙이 없다>

言(언): 헤아리다.   幾(기): 가깝다.
尤(우): 재앙, 과실.

의역   최고의 선(善)은 수(水)와 같다. 수는 만물을 이롭게 하고, 다른 것과 다투지 않고, 많은 사람들이 싫어하는 곳에도 머문다. 이 때문에 水는 만물에 좋은 기운을 제공하는 道에 가깝다. 물이 만약 훌륭한 곳에 존재하고 물의 중심되는 곳, 즉 원두(源頭)가 조용하고 깊다면, 착한 박애심을 베풀고, 좋은 핵소체[12]를 제공해 줄 것으로 헤아릴 수 있다.

이외에도 水는 정사에서의 선한 다스림, 일 처리에서의 훌륭한 능력 발휘, 도모하는 일의 추진에 있어서는 합당한 시기 선정 등을 가능하게 한다. 무릇 다른 것과 다툼이 없기 때문에 재앙이나 과실이 없다.

해석   도덕경에서는 水의 최고의 덕목으로 싸우지 않는 부쟁지덕(不爭之德)을 살피고 있다. 물을 최고의 선으로 표현한 데에는 다음과 같이 道의 원리와 의미가 있다.

첫째로, 水가 지니고 있는 천문·지리적 이로움이다. 예컨대 천문지리적으로 음(陰)으로 지칭되는 산과 더불어, 양(陽)으로 표현되는 물은 항상 산수(山水) 음양배합을 통하여 필요물질을 생성한다. 이로써 자애심, 통치력, 재물 등의 이로움을 사람들에게 제공한다. 만일 水가 없거나 이상한 형태로 있다면, 산수 음양배합이 되지 않으면서 필요물질을 만들 수 없게 된다.

---

12) 여기에서 신(信)은 세포 소기관으로서 단백질 형성에 기여하는 리보솜을 만드는 핵소체를 의미한다. 핵소체가 많으면 많을수록 단백질량이 증가하면서 인사 상 길한 기운을 증가시킨다.

둘째로, 水는 길한 기운을 지니고 있는 관계로 싸우지 않고도 다른 것을 이길 수 있는 역량을 지니고 있고, 그 모양도 남과 다투지 않는 형태를 가지고 있다. 이러한 측면에서 사람들은 자체적으로 물의 기운과 형상으로부터 자신의 행위를 어떻게 해야 하는 지를 본받을 수 있다. 구성 기운이 들어오는 혈은 산수 배합을 통해 각종 필요 생명물질을 생성한다. 특히 水의 싸우지 않는 부쟁지덕은 실제로 수가 탐랑, 무곡, 좌보, 우필 등의 각종 길한 구성 기운을 담지하고 있으면서 다른 흉한 구성을 제어할 수 있기 때문이다.

일반적으로 사람들은 경쟁해야 얻을 수 있는 것으로 안다. 그러나 실제로 수와 같은 길한 기운을 얻어야 일이 성사된다. 수(水)는 길한 기운을 많이 갖고 있기 때문에 싸우지 않고 이기는 덕을 지니고 있는 것으로 평가되고 있는 것이다. 수(水)의 부쟁지덕은 그냥 싸우지 않는 덕이 아니라 싸우지 않고도 이기고 얻을 수 있는 덕(德)인 것이다.

제26장 유약한 구성의 도(道)와 강한 구성의 부도(不道) (30)

以道佐人主者, 不以兵强天下. 其事好還.
이 도 좌 인 주 자 불 이 병 강 천 하 기 사 호 환
<도로서 군주를 보좌하는 사람은 군사로서 천하를 강하게 다스리지 않는다. 그것은 다시 (일반적인 상태로) 돌아오기가 쉽다>

師之所處, 荊棘生焉.
사 지 소 처 형 극 생 언
<군대가 머문 장소에는 가시나무가 자란다>

大軍之後, 必有凶年.
대 군 지 후 필 유 흉 년
<대군이 움직인 다음에는 반드시 흉년이 든다>

善有果而已, 不敢以取强.
선 유 과 이 이 불 감 이 취 강
<선에는 성과가 있지만, 거기에서 그만 그친다. 감히 강함을 취하지 않는다>

果而勿矜. 果而勿伐. 果而勿驕.
과 이 물 긍 과 이 물 벌 과 이 물 교
<성과가 있어도 자랑하지 않고, 성과가 있어도 뽐내지 않고, 성과가 있어도 교만하지 않는다>

果而不得已. 果而勿强.
과 이 부 득 이 과 이 물 강
<성과가 있어도 얻지 못한 것으로 생각하고, 성과가 있어도 강함을 취하지 않는다>

> 物壯則老, 是謂不道. 不道早已.
> 물 장 즉 로   시 위 부 도   부 도 조 이
> <만물은 장성해지면, 노화된다. 이것을 부도로 부른다. 부도는 빠르게 죽게 된다>
>
> 荊棘(형극): 가시나무.
> 伐(벌): 자랑하다.

의역 道로서 군주를 보좌하는 사람은 천하를 무력으로 다스리지 않는다. 무력에 의한 통치는 나쁜 기운으로 말미암아 한계에 봉착하고 다시 일반적 통치 방식으로 돌아오기 마련이다.

군대가 머물렀던 장소는 흉한 기운으로 가시덤불이 무성하게 자라고, 큰 군사를 일으킨 후에는 나라 기운이 나빠져서 반드시 흉년이 들게 된다.

선업을 쌓은 사람들에게는 좋은 기운의 형성으로 훌륭한 과실이 주어지는 법이다. 그러나 거기에서 멈춘다. 이러한 사람들은 나쁜 구성 기운이 흐르는 강함을 무리하게 취하지 않는다.

성과가 있어도 자신을 아끼지 않고, 자신의 업적을 자랑하지 않으며, 자신의 성과를 교만하게 여기지 않고, 과실이 있어도 부득이 하게 얻었다고 여긴다. 또한 성과가 있어도 앞으로 매사를 강하게 추진하지 않는다.

만물은 기운을 건장하게 만들면 쇠퇴의 길을 걸으면서 노화가 진행된다. 이것은 강한 기운을 지니고 흉살을 대동하는 구성, 예컨대 녹존, 문곡, 파군 등이 흐르는 부도(不道)라고 볼 수 있다. 이러한 종류의 부도(不道)는 나쁜 기운으로 말미암아 얼마 못가서 사라지게 된다.

해석 이 장에서 노자는 길한 구성의 도(道)와 흉한 구성의 부도(不道)에 대해 설명하고 있다. 도(道)와 부도(不道)는 마음 자세와 특정 행위에 의하여 그 방향성이 결정된다.

예컨대, 강한 기운이 내재되어 있는 군사를 일으키거나 무력으로 통치를 하면, 내재된 파군, 염정 등과 같은 강한 흉기로 인하여 얼마가지 못하고 다시 유약한 기운에 의한 통치로 돌아가게 된다고 말한다. 탐랑, 거문, 무곡, 좌보, 우필 등의 유약한 기운은 도(道)의 기운인 반면, 녹존, 문곡, 염정, 파군 등과 같은 강한 기운은 부도(不道)의 기운이기 때문이다.

만일 선행으로 훌륭한 성과가 있을지라도 자랑하거나 오만한 태도로 일을 추진한다면, 추진하는 일들은 실패하게 된다. 그러한 태도는 기운을 흉한 구성의 강한 기운으로 만들기 때문이다. 이것은 道의 원리에 반하는 부도(不道)이다.

마음가짐이 오만해지고 교만에 빠지면, 해당 기운이 흉한 구성의 고주파로 바뀌면서 유전 정보를 충분히 혈로부터 탑재하여 나르지 못하게 된다. 그리하여 성과를 자랑·교만하지 않는 태도는 유약한 기운이 흐르는 道인 반면, 교만하고 자랑하는 태도는 흉한 구성 기운이 흐르는 부도(不道)의 태도라고 말한다.

또한 무력, 자랑, 교만 등의 잘못된 행위로 만물의 기운이 강성하게 되면, 흉한 구성 기운에 의한 유전자 내부에 이물질이 부착된다. 때문에 기운의 파동이 흉한 구성의 고주파로 바뀌면서 쉽게 쇠퇴하고 멀지 않아서 작동을 멈추게 된다. 이것이 바로 무력, 자랑, 교만 등의 잘못된 행위가 만들어내는 부도(不道)이다.

따라서 노자는 건강은 물론, 인사 기운도, 도·혈의 작동 원리에 부합하는 적덕, 마음가짐, 행위 등을 통해, 길한 구성이 흐르는 저주파의 유약한 道 기운으로 만들기를 권한다.

3.3. 도·혈(道·穴)의 변동과 만물의 변화

제27장 운(運) 변화와 만물 명멸(明滅)간의 상관관계 (5)

天地不仁, 以萬物爲芻狗.
천 지 불 인　이 만 물 위 추 구
<천지는 인자하지 못하여 만물을 제사 짚 희생개로 삼는다>

聖人不仁, 以百姓爲芻狗.
성 인 불 인　이 백 성 위 추 구
<성인은 인자하지 못하여 백성을 제사 짚 희생개로 삼는다>

天地之間, 其猶槖籥乎! 虛而不屈動而愈出.
천 지 지 간　기 유 탁 약 호　허 이 불 굴 동 이 유 출
<천지(천혈과 지혈) 사이에 있는 그것(人穴)은 풀무와 같구나! 비어 있지만 굴하지 않고 움직이면서 더욱 (어떤 것을 만들어) 내보낸다>

多言數窮, 不如守中.
다 언 수 궁　불 여 수 중
<말 수가 많으면 곤궁해져서 가운데를 지키는 것만 못하다>

芻狗(추구): 옛날에 제사에서 쓰인 짚으로 만든 희생개.
槖籥(탁약): 풀무.

의역　천지(天地)는 만물을 짚으로 만든 제사용 희생개로 삼기 때문에 어질지 못하다. 성인도 백성을 희생개로 삼으므로 또한 어질지 못하다. 천혈과 지혈 사이에 있는 인혈(人穴)은 풀무와 같지 않는가? 그 혈은 속이 비어 있지만 작동을 멈추지

않고 만물의 필요기운을 오히려 만들어서 뿜어낸다.

穴에 대한 많은 설명으로 곤궁해지는 것은 아무 말을 하지 않고 중정을 지키는 것만 못하다.

해석 이 장에서 노자는 구성 기운이 흐르는 道에 운(運)의 작동으로 기운 변화가 발생함에 따라 여러 인물들이 나타났다가 사라지는 등 명멸(明滅)할 수 있다는 점을 말하고 있다. 도·혈의 기운 변화로 인하여 사람들의 역할도 변화하고 사람 자체도 바뀌게 되는 등 세상에도 다양한 변화가 초래된다.

천지에 각종 혈이 있어서 천하나 국가를 주재한다고 도덕경은 여러 곳에서 언급한다. 예컨대 천하 관장 혈은 운에 따라 천하의 길흉(吉凶)을 만들어낸다. 만약 흉운일 경우 흉운에 해당되는 사람이 통치자나 주재자가 되는 반면, 길운일 경우 좋은 통치자가 등장한다. 마찬가지로 흉사 발생 운이라면, 이에 해당하는 기운을 가진 사람이 희생당할 수 있고, 경사 발생 운이라면 이에 해당되는 기운 소지자가 국민적 사랑을 받을 수 있다는 것이다.

따라서 세계 또는 국가에서 발생하는 각종 사건은 우연히 아니라 관계 穴의 운(運)에 의해 발생하는 것이다. 천지 도·혈(道·穴)의 입장에서 보았을 경우 관계자들은 단순 짚으로 만든 희생 개와 같은 수단이 되는 것이다.

예컨대 道의 흉운은 기본적으로 우주 천혈(天穴)에서 道가 움직이면서 주변 성진 구성의 변화로 만들어진 현상이다. 천혈 기운 변화는 지상 지혈(地穴)에도 영향을 미쳐서 지혈 運의 변화를 야기한다. 만약 하늘 천혈이 길운(吉運)으로 진입하면, 지혈도 마찬가지로 길운으로 진입한다.

그러나 여기에 음·양택, 가문혈, 지역혈 기운도 이러한 천지혈의 운 변화에 지대한 영향을 미치게 된다. 만일 좋은 음양택, 가문혈, 지역혈, 국가혈이 있으면 지혈의 흉운을 약화시켜서 나쁘지 않게 만들 수 있다. 지혈의 운 변화는 천혈의 운 변화를 초래하면서 전반적으로 인혈의 기운을 상승시킬 수 있는 것이다. 나쁜 혈들이 있다면, 흉운은 모든 혈 기운을 나쁘게 증폭시킬 수 있다.

하늘 천혈의 흉운이 길운(吉運)으로 진입한다면, 땅 지혈에서도 길운이 만들어진다. 여기에서 음양택, 가문혈, 지역혈, 국가혈 등 해당 혈이 잘 작동하고 있다면, 길운은 증폭된다. 그렇지 않다면 길운은 반감되거나 아예 사라질 수도 있다. 이처럼 음양택, 가문혈, 지역혈, 국가혈 등 각종 혈들은 전체 운에 지대한 영향을 미친다.

제28장 면역천문과 반대천문: 화복(禍福)의 길항 작용 (58)

其政悶悶, 其民淳淳.
기 정 민 민   기 민 순 순
<그 정치가 둔해지고 둔해지면, 그 백성들은 순박하고 순박해진다>

其政察察, 其民缺缺.
기 정 찰 찰   기 민 결 결
<그 정치가 살피고 또 살피면, 그 백성들은 이지러지고 더욱더 이지러진다>

禍兮福之所倚, 福兮禍之所伏.
화 혜 복 지 소 의   복 혜 화 지 소 복
<화와 복은 의지하는 바가 있다. 복과 화는 서로에게 잠복되어 있는 바가 있다>

孰知其極? 其無正.
숙 지 기 극   기 무 정
<누가 그 끝을 아는가? 그것은 정형이 없다>

正復爲奇, 善復爲妖.
정 부 위 기   선 부 위 요
<바른 것은 다시 기이한 것이 되고, 선한 것은 다시 요사스러운 것이 된다>

人之迷, 其日固久.
인 지 미   기 일 고 구
<사람들이 혼미한 것은 그 기간이 아주 오래 되었다>

是以聖人方而不割, 廉而不劌,
시 이 성 인 방 이 불 할   염 이 불 귀

<이 까닭에 성인은 날카로운 네모 방형이지만 남을 베지 않고, 날카롭지만 남을 해치지 않는다>

直而不肆, 光而不耀.
직 이 불 사   광 이 불 요

<곧지만 방자하지 않고, 빛나지만 번쩍거리지 않는다>

劌(귀): 손상하다. 해를 끼치다.
肆(사): 방자하다.

의역 정치가 살피는 것이 둔해지면, 백성들은 순박해진다. 정치가 백성들을 살피고 또 살피면 백성들은 이지러져서 힘들어진다.

우주에는 서로 반대로 작용하는 기운 때문에 화(禍)와 복(福)은 서로 의지하는 바가 있다. 서로에게 화복(禍福)은 숨어 있는 것이다. 누가 그 끝을 알겠는가? 반대기운이 강해지면 바른 것도 다시 기이한 것으로 바뀌고, 선한 것도 다시 요사스러운 것으로 변화한다. 그래서 이러한 상황을 목도한 사람들이 그 원인을 알지 못하여 혼미해진 상태는 실제 장기간 지속되었다.

따라서 성인은 거문성의 날카로운 방정(方正)한 모습이다. 그러나 반대기운을 제지하는 높은 면역천문 기운의 작동으로 그 모서리로 남을 해치지 않고 날카롭지만 남을 베지 않는다. 곧지만 방자하지 않고, 빛나지만 번쩍거리지 않는다.

[해석] 이 장은 우주에는 주된 천문기운이 있으면, 이 기운이 작용하지 못하게 하는 반대 천문 기운, 이 반대 천문 기운을 다시 제어하는 면역천문 기운 등에 대하여 논하고 있다. 성인은 도의 원리에 부합하는 덕치를 통하여 반대기운을 억제하는 면역천문 기운을 극대화하여 우주에 존재하는 좋은 기운을 많이 수취한다. 이 때문에 백성들을 잘 다스릴 수 있다는 점을 설파하고 있다.

우주에는 서로 반대되는 기운이 존재한다. 어떠한 기운은 다른 기운의 충극을 받으면 정상적으로 작동하지 못한다. 따라서 화복(禍福)은 서로 의지하면서 상대 기운 내부에 숨어 있는 것으로 읽혀진다. 화복(禍福)은 실제로 우주의 주 천문, 주 천문을 보호하는 면역천문, 주 천문을 공격하는 반대기운 등의 상호 작용으로 발생하는 길항작용에 의한 현상이다.

주 천문기운의 작동으로 일들의 성취를 추구하기 위해서는 주요 기운을 제어하는 반대기운이 작동하지 못하도록 다른 면역 천문기운이 강해야 한다. 이 면역 천문이 약화되면 복(福)이 화(禍)로 변한다. 반대로 면역천문이 강하면 화가 복으로 전환된다.

성인의 도·혈에는 이러한 면역 천문기운이 왕성해서 반대기운의 작용력을 제어할 수 있다. 따라서 성인은 높은 면역천문 기운으로 재앙을 만드는 흉기를 제어하여 우주의 복되는 기운만을 수취할 수 있다. 이 때문에 성인은 백성의 동태를 이리

저리 살필 필요가 없이 자연스럽게 나라를 잘 다스릴 수 있다고 말한다. 반면, 면역천문이 약한 통치자는 백성들의 동태를 살피고 살피면서 권위주의 통치를 하기 때문에 백성들이 힘들어 한다고 말한다.

여기에서 성인을 방형(方形)으로 표시한 것은 방(方)한 모양을 갖춘 거문성이 모든 오행을 소지하고 있기 때문에 천문에서 존성(尊星)으로 불리우며 모습이 날카로운 직각 모양으로부터 연유한 것이다. 또한 곧다는 표현 역시 입수룡의 풍수 지리적 용어를 차용한 것이고, 방자하지 않다는 표현은 적덕으로 자세가 겸손하다는 말이다. 천광이 빛나지만, 요성(耀星)처럼 염정성의 살기로 인하여 번쩍거리지 않는다는 표현 역시 길한 기운이 많다는 의미의 천문적 차용이다.

이 장의 핵심요지는 우주기운은 항상 왕성한 면역 천문기운으로 반대기운을 억제하면 항상 복되는 상태를 만들 수 있다는 말이다. 반대로 면역기운이 약해지면 반대기운이 왕성해지면서 주 천문 기운이 약화되어 화(禍)가 빈번하게 발생한다. 그렇지만 면역천문 기운 강화는 운에도 달려 있지만, 적덕 기운에 의해 주로 좌우된다. 따라서 덕이 많은 성인들의 면역천문 기운이 강한 것은 결코 우연이 아니다.

제29장 | 혈(穴)의 변동과 세상의 변화 (18)

大道廢, 有仁義.
대 도 폐   유 인 의
<대도가 없어지니 인의가 생긴다>

智慧出, 有大僞.
지 혜 출   유 대 위
<지혜가 나오니, 커다란 허위가 생긴다>

六親不和, 有孝慈.
육 친 불 화   유 효 자
<육친이 불화하니 효와 자애가 생긴다>

國家昏亂, 有忠臣.
국 가 혼 란   유 충 신
<국가가 혼란하니 충신이 나타난다>

僞(위): 허위. 거짓.

의역 우주 대혈(大穴)이 제대로 작동하지 않으면, 혈은 좋지 않는 곳으로 이동·작동한다. 이에 따라서 인의(仁義)가 생기고, 자신의 사적 이익을 우선적으로 도모하는 지혜가 나타난다.

이러한 과정에서 각종 방법으로 자신의 목표를 이루기 위한 지혜가 세상에 횡행하면서 가족들마저도 화목하지 못하게 된다. 이리하여 가족도 불목하면서 효도와 자애의 필요성이 증대한다.

국가 관장 혈이 더욱 나쁜 곳으로 이동하여 불충분하게 작동한다면, 국가가 혼란에 빠지고, 충신이 등장하게 된다.

[해석] 노자는 이 장에서 세태의 변화를 배후에서 작용하는 道와 穴의 이동·변화에서 찾고 있다. 지상 천하혈이나 국가혈의 변동은 우주 천혈이 운행하면서 주변 성진 변화로 초래되거나, 수도 이전, 통치자 관저 이동, 통치자의 패덕 등으로 나타나기도 한다.

천하 관장 혈이 이동하여 제대로 작동하지 않으면, 모든 것을 수월하게 만들었던 道는 사라지게 되고, 어려운 사람을 도와주어야 한다는 인(仁)과 옳고 그름을 분명하게 가리자는 의(義), 즉 인의(仁義)가 세상에 등장한다.

세상 관장 혈이 나쁜 곳으로 이동하면, 사람들은 자신의 목적을 위해 온갖 방법으로 사익을 추구하는 지혜가 나타나면서 허위, 사기 등의 위선적 행태가 세상에 횡행한다.

세상 주재 穴이 더 나쁜 위치로 이동하여 한층 더 불충분하게 작동하면, 가족도 불화하면서 효행과 자애의 필요성이 대두된다. 국가혈의 이동으로 흉기가 중중해지면 나라가 큰 혼란에 빠져서 충신이 등장하게 된다.

노자는 이처럼 세태의 변모를 배후에서 작용하는 관계 혈의 이동 문제로 보고 있다. 이러한 혈의 변동은 기본적으로 앞에서 논한 천운(天運)의 변화와 더불어 지운(地運)의 변화로 초래된 것이다. 이러한 운의 변화는 관계자의 마음자세, 처신, 적덕 여부, 음양택 이동, 운의 변화 등 다양한 요인이 결합하여 발생한다.

제30장 혈(穴) 기운의 변화 대비 처신: 겸양 (39)

昔之得一者.
석 지 득 일 자
<옛날에 하나(穴)를 얻은 것이 있었다>

天得一以淸, 地得一以寧.
천 득 일 이 청   지 득 일 이 녕
<하늘은 하나를 얻어서 맑아졌고, 땅은 하나를 얻어서 안녕해졌다>

神得一以靈, 谷得一以盈.
신 득 일 이 령   곡 득 일 이 영
<신은 하나를 얻어서 영험해졌고, 계곡은 하나를 얻어서 (기운을) 채우게 되었다>

萬物得一以生, 侯王得一以爲天下正.
만 물 득 일 이 생   후 왕 득 일 이 위 천 하 정
<만물은 하나를 얻어서 살게 되었고, 후왕은 하나를 얻어서 천하를 바르게 다스리게 되었다>

其致之一也.
기 치 지 일 야
<모든 것은 그 하나(穴)에 이른다>

天無以淸, 將恐裂. 地無以寧, 將恐發,
천 무 이 청   장 공 렬   지 무 이 녕   장 공 발
<하늘이 청할 수 없다면, 장차 무너질까 두렵다. 땅이 안녕하지 못하다면 솟아오를까 두렵다>

神無以靈, 將恐歇. 谷無以盈, 將恐竭.
신 무 이 령　장 공 헐　곡 무 이 영　장 공 갈
<신이 영험할 수 없다면, 장차 기운이 다할까 두렵다. 계곡이 물을 채울 수 없다면, 장차 마를까 두렵다>

萬物無以生, 將恐滅. 侯王無以貴高, 將恐蹶.
만 물 무 이 생　장 공 멸　후 왕 무 이 귀 고　장 공 궐
<만물이 살 수 없다면, 장차 멸종될까 두렵다. 후왕이 귀가 높지 않다면, 장차 전복될까 두렵다>

故貴以賤爲本. 高以下爲基.
고 귀 이 천 위 본　고 이 하 위 기
<따라서 귀는 천함을 근본으로 삼는다. 높음은 낮음을 기본으로 삼는다>

是以侯王自謂孤, 寡, 不穀. 此非以賤爲本邪. 非乎?
시 이 후 왕 자 위 고　과　불 곡　차 비 이 천 위 본 사　비 호
<그리하여 후왕은 스스로를 孤(외로움), 寡(부족), 不穀(기르지 못함) 등으로 호칭하였다. 이것은 천함으로써 근본으로 삼는 것이 아닌가? 그렇지 아니한가?>

故致數譽無譽, 不欲琭琭如玉, 珞珞如石.
고 치 수 예 무 예　불 욕 록 록 여 옥　락 락 여 석
<고로 많은 영예도 사라지게 된다. 옥처럼 빛나려고 하지 말고, 돌처럼 소박하라>

歇(헐): 다하다. 마르다.　　　竭(갈): 물이 마르다.
蹶(궐): 넘어지다.　　　　　　不穀(불곡): 기르지 못함.
珞珞(락락): 조약돌.

의역　옛날 만물은 穴이란 것을 얻었다. 하늘은 혈 하나를 얻어서 맑아졌고, 땅은 혈을 얻어서 안녕해졌고, 신(神)도 혈을 얻어서 영험해졌다. 언덕도 혈을 얻어서 기운을 채울 수 있었다. 만물은 혈을 얻어서 생기가 있게 되었고, 제후와 왕도 혈을 얻어서 바른 정치를 하게 되었다.

이 혈의 영향력은 만물에 이르게 된다.

만약 하늘이 혈 작동력이 약화되어 청(清)하지 못한다면 장차 무너질까 두렵다. 땅의 혈이 더 이상 작동하지 않아서 안녕하지 못한다면 장차 솟아올라서 흉기를 발산할까 두렵다. 신(神)이 혈 기운을 더 이상 얻지 못해서 영험하지 못한다면 장차 세상에서 신(神) 기운이 다할까 두렵다. 계곡이 혈의 작동력에 문제가 있어서 혈에 기운을 채울 수 없다면 장차 물이 마를까 두렵다. 만물이 혈의 기운이 약화되어서 생기가 없다면 장차 멸종될까 두렵다. 제후와 왕이 혈을 잃어서 고귀하지 못하다면 장차 왕조가 전복될까 두렵다.

그러므로 혈 기운으로 귀하게 된 것은 혈 기운의 상실로 인한 천한 것을 근본으로 삼는다. 또한 혈 기운으로 높이 된 것은, 혈 기운의 상실로 낮은 위치에 머무는 경우를 기본으로 삼는다.

따라서 제후와 왕은 스스로 고(孤), 과(寡), 불곡(不穀) 등으로 스스로를 호칭하였는 바, 이것은 바로 천한 것으로 근본을 삼는 것이 아니겠는가? 그렇지 아니한가?

그러므로 명예를 혈 기운으로 얻을 때도 있지만, 혈 기운의 약화로 명예가 사라질 때도 있는 법이다. 따라서 옥처럼 빛나려고 하지 말고 항상 돌처럼 소박하려고 해라.

[해석] 이 장에서 노자는 만물이 혈 기운 덕분으로 활동을 하지만 항상 혈 기운을 얻을 수 없기 때문에, 혈 기운의 변화에 대비하는 처신문제를 논하고 있다.

혈의 기운이 좋을 때도 있지만, 나쁜 운이나 실덕(失德)으로 좋지 않을 때가 있다. 음양택혈, 가문혈, 지역혈, 국가혈 등이 운의 변화로 혈의 작용력이 약화되면, 사람들은 발생 가능한 문제에 대비해야 한다. 이러한 차원의 일환으로 사람은 평소에도 자신을 낮추고 겸손해야 한다는 처신을 강조하고 있는 것이다.

따라서 좋은 상태에서도 나쁜 운을 대비하여 교만하지 않고 겸양의 덕을 발휘하면, 좋은 상태에서도 좋은 기운의 유입을 강화한다. 또한 좋지 않은 상황에서도 자신을 낮추게 되면, 현재 진행되는 일이 어느 정도 유지되도록 제어하는 한편, 미래 상황이 개선될 때 자신의 뜻을 본격적으로 펼칠 수 있도록 만든다.

겸양하는 태도와 자세는 항상 신체 경락에 길한 구성이 흐르게 함으로써 본인 혈의 작동력을 유지시킨다. 반대로 오만하고 교만한 태도는 관계 혈에 나쁜 구성 기운을 흐르게 함으로써 지향하는 뜻을 펼칠 수 없게 만든다. 인간의 태도와 자세는 안팎의 혈을 조정하는 주재자인 셈이다.

4
덕(德)의 원리와 형태

나락전

4
덕(德)의 원리와 형태

4.1. 덕(德)의 원리: 보상을 바라지 않는 생육(生育)

제31장 만물을 낳는 도(道)와 만물을 기르는 덕(德) (51)

道生之, 德畜之. 物形之, 勢成之.
도 생 지 덕 축 지 물 형 지 세 성 지

<도는 만물을 낳고 덕은 기른다. 만물은 형태가 이루지만, 세가 그것을 만든다>

是以萬物莫不尊道而貴德.
시 이 만 물 막 부 존 도 이 귀 덕

<이러한 까닭으로 만물은 도를 존중하고 덕을 귀하게 여기지 않는 것이 없다>

道之尊, 德之貴, 夫莫之命而常自然.
도 지 존 덕 지 귀 부 막 지 명 이 상 자 연

<도가 존중받고 덕이 귀한 것은 명이 없어도 자연스럽게 움직이기 때문이다>

故道生之, 德畜之. 長之育之, 亭之毒之. 養之覆之.
고 도 생 지 덕 축 지   장 지 육 지 정 지 독 지   양 지 복 지

<고로 도가 만물을 낳고 덕은 기른다. (덕이) 성장시키고 양육한다. 만물을 균등하게 하고 기른다. 만물을 양육하고 만물을 비호한다>

生而不有, 爲而不恃, 長而不宰.
생 이 불 유   위 이 불 시   장 이 부 재

<생하지만 소유하지 않고, 위하지만 의지하지 않고, 성장시키지만 주재하지 않는다>

是謂玄德.
시 위 현 덕

<이것이 우주의 덕이다>

常(상): 운행하다.
亭(정): 균등하게 하다. 균형을 맞추다.
毒(독): 기르다.

의역 도·혈이 만물을 생한다. 덕(德)은 다른 오행혈에게 생기를 주기 때문에 만물을 기른다. 만물은 道에 흐르는 구성에 따라 각각 모양을 지니고 있고, 덕의 역량에 의하여 기세가 형성된다.

따라서 만물은 도를 존중하지 않는 것이 없고, 덕을 귀하게 여기지 않는 것이 없다. 道가 존중받고 德이 귀하게 여겨지는 것은 무릇 명이 없어도 자연 원리에 따라서 항상 스스로 움직이기 때문이다.

그러므로 도가 만물을 만든다. 그러나 덕이 만물을 기르고, 성장시키고 육성한다. 덕은 만물을 균형 있게 만들고 양육한다. 또한 덕은 만물을 튼튼하게 만들고 보호한다. 그렇지만, 덕은 만물을 생하지만 소유하지 않고, 만물을 위하지만 의지하지 않고, 만물을 자라게 하지만 주재하지 않는다.

이것이 바로 우주의 덕이다.

해석 노자는 이 장에서 만물을 낳는 道와 만물을 기르는 德에 대해 논하면서 보상을 바라지 않는 도와 덕의 작동 원리를 언급하고 있다.

도는 구성에 따라 모양을 만들지만, 이 모양이 얼마나 커다란 기세를 지니고 있는 가의 여부는 덕의 역량에 달려 있다고 역설한다. 도를 따르는 오행혈은 만물을 낳고, 적덕 행위에 의한 德의 양질에 따라 음덕혈은 오행혈을 생하기 때문에 만물의 세력 여부를 결정한다.

구성이 응축되어 있는 道가 만물을 낳는다. 그러나 德은 道에 의해 생성된 만물을 기르고 양육하고 보호하는 역할을 한다. 이와 같이 도와 덕이 만물을 만들고 기르는 것은 인위적으로 생성된 것이 아니라 자연법칙에 의한 것이라고 말한다. 대우주 음덕혈은 생명체의 덕(德)기운으로 수많은 우주 성진에게도 생기를 공급한다. 그럼으로써 우주 성진도 잘 작동할 수 있고 작동 지속력도 증가된다. 작은 은하 음덕혈은 은하내부 생명체의 덕(德) 기운으로 각종 생명체에게 생기를 공급한다. 이 음덕기운으로 수많은 생명체가 생명활동을 하는 것이다.

덕이 만물을 생하지만 소유하지 않고, 위하지만 의지하지 않는 등 보상을 기대하지 않는 자연적 원리에 따라 움직인다. 이 때문에 인간 역시 보상을 바라지 않는 무위(無爲)의 원리에 의거하여 행동해야 자신의 뜻을 세상에 펼칠 수 있는 것으로 누차 이야기 한다.

노자의 무위는 아무 것도 하지 않는 행위가 아니라 덕행에 기반한 보상 없는 행위인 것이다. 이렇게 하면 필요 유전자 형질 발현이 나타나면서 일의 성취가 자연적으로 이루어질 수 있게 된다. 반면, 과도한 욕심으로 보상을 기대하는 유위(有爲)의 행위는 흉한 구성을 발동시키면서 추진하는 모든 일이 허사로 돌아가게 한다.

제32장 최고의 덕으로서 자애(慈愛) (67)

天下皆謂我道大, 似不肖.
천 하 개 위 아 도 대   사 불 초

<천하는 모두 나의 도가 크다고 말한다. 내 도는 유사하지만 닮지 않았다>

夫唯大, 故似不肖.
부 유 대   고 사 불 초

<무릇 크기 때문에 유사하지만 닮지 않은 것이다>

若肖久矣, 其細也夫.
약 초 구 의   기 세 야 부

<만약 닮은 것이 오래 지속되었다면, 나의 도는 사소한 작은 것(道)이 되고 만다>

我有三寶, 持而保之.
아 유 삼 보   지 이 보 지

<나는 유지하고 보호해야 할 세 가지 보배가 있다>

一曰慈, 二曰儉, 三曰不敢爲天下先.
일 왈 자   이 왈 검   삼 왈 불 감 위 천 하 선

<첫째는 자애이고, 둘째는 검약이다. 셋째는 용감하게 천하의 앞에 서지 않는 것이다>

慈故能勇, 儉故能廣.
자 고 능 용   검 고 능 광

<자애 때문에 용감할 수 있고, 검약 때문에 널리 베풀 수 있다>

不敢爲天下先, 故能成器長.
불 감 위 천 하 선   고 능 성 기 장

<감히 천하의 앞에 서지 않기 때문에 큰 그릇을 만들어 오래 지속하게 할 수 있다>

今舍慈且勇, 舍儉且廣, 舍後且先, 死矣.
금사자차용 사검차광 사후차선 사의
<지금 자애를 버리고 용감하게 행하고, 검약을 버리고 널리 베풀고, 천하의 뒤에 서는 것을 버리고 앞에 서면, 죽게 된다>

夫慈以戰則勝. 以守則固.
부자이전즉승 이수즉고
<무릇 자애로서 싸우면 이긴다. 자애로서 모든 것을 지키면 견고해진다>

天將救之, 以慈衛之.
천장구지 이자위지
<하늘이 장차 구한다면, 자애를 지닌 사람을 보위할 것이다>

肖(초): 닮다.

의역 천하는 모두 성인의 도가 크고 다른 사람의 것과 닮지 않은 것 같다고 말한다. 오로지 큰 도는 어떤 것과 닮지 않았기 때문이다. 만약 다른 것과 닮은 도가 오래 지속한다면 그것은 별 볼일 없는 사소한 도가 되어 버린다.

나는 道에 대한 세 종류의 보배가 있어서 그것을 잘 유지하고 보존한다. 처신의 차원에서 첫 번째 보배는 자애이고, 두 번째 보배는 검약, 세 번째 보배는 세상사람 앞에 나서서 감히 무모한 어떤 것도 도모하지 않는다는 것이다.

자애가 있으면 덕의 기운으로 용감하게 실행에 옮길 수 있고, 검약하면 재물 기운이 증대되면서 두루 베풀 수 있다. 세상사 람 앞에 나서서 무리한 일을 추구하지 않으면, 청정하고 유약 한 기운을 갖게 되면서 큰 그릇을 만들어 장기간 활용할 수 있 게 되는 것이다.

자애를 버리고 용감하기만 하고, 검약을 버리고 베풀기만 하 며, 뒤에 서 있는 태도를 버리고 앞에 서려고 하면, 흉한 구성 기운이 도·혈에 흐르면서 모두 죽게 된다.

무릇 자애가 있으면서 남과 경쟁하면, 좋은 덕 기운으로 모두 이기게 된다. 자애로서 덕 기운을 잘 유지하면, 필요 혈 기운 을 견고하게 유지할 수 있다. 하늘이 장차 사람을 구한다면, 자애가 있는 사람을 우선 먼저 보위할 것이다.

해석 이 장에서 노자는 최고의 道로서 자애(慈愛)의 덕(德)을 모든 덕목 가운데 가장 상위에 있다는 점을 강조하면서 자애 의 행위로 세상의 모든 일을 성취할 수 있다고 말한다.

道가 크다는 것을 처신의 차원에서 세 가지로 정리하고 있다. 덕행으로서 자애, 적선할 수 있는 근검, 만인의 뒤편에 있는 처신 등의 세 가지가 바로 그것이다.

자애는 적덕 기운을 올릴 수 있기 때문에 일을 과감히 도모해 도 성공할 수 있다. 또한 근검절약하면, 탐랑, 무곡 구성 등이 재물기운을 상승시키면서 보다 많은 사람들에게 베풀 수 있다. 자신을 천하의 앞이 아니라 뒤에다 놓는다는 것은 공익을 우선시하고 겸양하는 처신을 하라는 말이다.

특히 적덕 차원에서 자애는 음덕혈 기운을 높이기 때문에 모든 일에서 우위를 점할 수 있고, 모든 혈들을 견고하게 유지할 수 있다. 따라서 이 장에서 노자는 '자애가 천도(天道)의 원리로서 최고의 덕목'이라고 가르치고 있는 것이다.

자애 없는 감위(敢爲), 검약 없는 적선, 오만한 행실 등은 흉한 구성의 기운을 각종 도·혈에 흐르게 함으로써 마침내 만사를 패하게 만든다고 경고하고 있다.

제33장 적덕(積德)의 우주 원리: 덜어내는 손(損) (77)

天之道, 其猶張弓與.
천지도 기유장궁여
<하늘의 도는 활을 겨냥하는 것과 같다>

高者抑之, 下者擧之.
고자억지 하자거지
<높은 것은 억제하고 낮은 것은 들어 올린다>

有餘者損之, 不足者輔之.
유여자손지 부족자보지
<남는 것은 덜어내서 부족한 것에다 보탠다>

天之道, 損有餘而輔不足.
천지도 손유여이보부족
<하늘의 도는 남는 것을 덜어내서 부족한 것에다 보탠다>

人之道則不然, 損不足以奉有餘.
인지도즉불연 손부족이봉유여
<사람의 도의 법칙은 그렇지 않다. 부족한 것을 덜어냄으로써 남는 것을 위한다>

孰能有餘以奉天下? 唯有道者.
숙능유여이봉천하 유유도자
<누가 남는 것으로 천하를 위할 수 있을까? 오로지 도가 있는 사람이다>

是以聖人爲而不恃, 功成而不處.
시이성인위이불시 공성이불처
<이러한 까닭으로 성인은 남을 위하되 의지하지 않고, 공을 이루

되 머물지 않는다>

其不欲見賢.
기 불 욕 견 현

<(그러나) 사람들은 (성인의) 현명함을 보려 하지 않는다>

奉(봉): 위하다. 봉사하다.
恃(시): 의지하다.

의역 하늘의 道는 활을 당기어 겨냥하는 것과 같지 아니한가? 표적이 높으면 그것을 낮추고, 표적이 낮으면 그것을 높인다. 남은 것은 덜어내서 부족한 것에다 보충해주는 것과 같은 이치이다.

이처럼 하늘의 도는 남는 것을 덜어내서 부족한 것에다 채워준다. 사람의 도는 반대로 그렇지 않다. 도의 원리와 부합하지 않게 부족한 것을 덜어내어서 남는 것을 위한다.

누가 남는 것으로 천하를 위할 것인가? 오로지 道를 지닌 사람으로서 성인이다. 그리하여 도의 원리에 부합되게 성인은 다른 사람을 위하지만 의지하지 않고, 공을 이루지만 그곳에 머물지 않는다.

그러나 세상 사람들은 성인의 현명함을 보려 하지 않는다.

해석 이 장에서 노자는 남은 것을 덜어내어 부족한 것에 보충해주는 것이 덕(德)의 道라고 피력하면서 반대로 행하는 세태를 비판한다.

남는 것을 천하에 채워주어서 천하를 바르게 다스리는 사람이 道와 德의 이치를 아는 성인이라고 평가한다. 그리하여 성인은 천도의 원리에 맞게 세상을 위하되 의지하지 않고 공을 세우되 스스로를 자랑하지 않는다고 말한다.

도덕경에 면면히 흐르는 저류는 우주에는 만물을 관장하는 역량이 크고 작은 수많은 혈이 존재하지만, 혈들이 적정한 기운을 갖고 균형을 이루어야 우주 전반이 잘 작동할 수 있다는 점이다. 인간 관장혈도 천지에 크고 작은 형태로 존재한다. 이 혈들도 적절한 방식으로 균형을 이루면서 움직여야만 우주가 잘 작동할 수 있기 때문에 각종 혈의 균형 도모가 우주의 원리에 부합한다.

그리하여 우주 혈들이 균형을 이루면서 작동하기 위해서는 기운이 남은 혈의 기운을 덜어내서 부족한 다른 혈 기운을 보충하는 것이 천리(天理)에 부합한다. 도덕경 이 장에서는 여유 있는 사람은 부족한 사람을 도와주는 것이 당연한 德의 원리라는 점을 강조하고 있다. 이러한 德의 원리대로 성인은 처신하여 천하를 위해 봉사하는 것으로 도덕경은 분석한다.

성인은 다른 사람을 위하지만 의지하지 않고 공을 이루지만 그곳에 머물지 않는다고 말한 것은, 남을 위하면서 보상을 바라는 태도는 혈에 나쁜 구성을 흐르게 하면서 덜어내는 덕의 원리에 반하기 때문이다.

이러한 德 원리에 부합하지 않는 이기적 행위나 보상을 바라는 덕행은 보통 인간들이 행하는 일반적 행위이다. 부족한 것을 덜어내어 남는 것에다 보태는 행위는 결코 성공할 수 없을 뿐만 아니라 손해를 초래하고 흉사를 불러오기도 한다. 이러한 측면에서 德은 단지 윤리적 차원이 아니라 강제성을 가진 진리라고 도덕경은 시사하고 있는 것이다. 이러한 천도에 부합하지 않는 과도한 사익 추구 행위와 마음자세는 필요 유전자 미 발현으로 실패를 자초할 수밖에 없는 것이다.

제34장 적덕으로서 재산증식 (81)

信言不美, 美言不信.
신 언 불 미　미 언 불 신
<믿는 말은 아름답지 못하고, 아름다운 말은 믿지 못한다>

善者不辯, 辯者不善.
선 자 불 변　변 자 불 선
<착한 사람은 말을 잘하지 못하고 말을 잘하는 사람은 착하지 않다>

知者不博, 博者不知.
지 자 불 박　박 자 부 지
<지식이 많은 사람은 넓게 알지 못하고, 두루 아는 사람은 잘 알지 못한다>

聖人不積. 旣以爲己人愈有. 旣以與人己愈多.
성 인 부 적　기 이 위 기 인 유 유　기 이 여 인 기 유 다
<성인은 (재물을) 쌓아두지 않는다. 이미 전에 타인을 위함으로써 자신은 더욱 유족해졌다. 이미 전에 사람들에게 줌으로써 자신은 더욱 많아졌다>

天下道利而不害. 聖仁之道, 爲而不爭.
천 하 도 리 이 불 해　성 인 지 도　위 이 부 쟁
<천하의 도는 이롭고 해롭지 않다. 성인의 도는 남을 위하되 다투지 않는다>

愈(유): 더욱 더.

4. 덕(德)의 원리와 형태

의역 도 원리의 체현으로 믿을 수 있는 말은 아름답지 못하고, 도의 작동 원리가 없는 아름다운 말은 진정으로 믿을 수 없다. 선행을 하는 사람은 많은 말을 하지 않고, 언변이 뛰어난 사람은 실제 선하지 못하다. 온갖 방법으로 이익을 추구하는 지식을 소지한 사람은 우주의 원리 측면에서 박식하지 못하고, 道의 원리에 해박한 사람은 이익 추구 지식을 알지 못한다.

성인은 재물을 쌓아두지 않는다. 성인은 재물을 다른 사람을 위해 사용하였기 때문에, 오히려 자신은 더욱 부유해졌다. 다른 사람들에게 재물을 베풀었기 때문에, 오히려 자신은 재물이 많아졌다.

하늘의 도는 덕을 베푸는 사람에게는 이익을 주고 해를 입히지 않는다. 따라서 천도를 닮은 성인의 道는 남을 위하고 남과 다투지 않는다.

해석 이 장에서 노자는 온갖 방법으로 이익을 추구하는 세인들의 행태가 도에 부합하지 않는 것으로 평가하면서 성인은 재물을 쌓아두지 않고 타인에게 적선을 함에도 불구하고, 더욱 더 부유해지는 재물의 道에 대하여 논하고 있다.

덕행을 하면 반대로 부유해지고 재물이 많아진다는 역설적인 상황은 천도(天道)가 그러한 방식으로 작동하기 때문이다. 덕행은 덜어내서 자신의 재물혈 기운을 적정 수준으로 만드는 한편, 자미원 음덕혈에서 재물혈 기운을 고양시키기 때문이다. 이러한 방식으로 우주가 구조화되어 있는 것은 하느님, 즉 원시천존이 우주의 작동 원리에 맞추어서 도의 작동 원리를 만든 것에서 기인한다.

이러한 천도 원리를 아는 성인 역시 남에게 베풀지만, 타인과 다투지 않으면서 재물을 증식시킨다고 설파한 것이다. 그러나 천도를 알지 못하는 일반인들은 모든 수단을 동원하여 사적 이익을 추구하지만, 실제로 추진하는 일은 성사되기가 쉽지 않다.

이러한 측면에서 보면 재물은 남과 경쟁으로 얻어지는 것이 아니라, 역설적으로 재물 보시로 인한 재물 유전자 작용으로 자연스럽게 얻어지는 것이다. 이것은 자연적 과정으로 인한 무위(無爲)의 결과이지 과도한 욕심으로 인한 무모한 행위로서 유위(有爲)의 결과가 아닌 것이다.

이러한 측면에서 이 장은 도의 작동 원리가 없는 아름다운 말을 하고, 언변이 뛰어난 사람이 많은 수사를 늘어놓고, 온갖 방법으로 이익을 추구하는 지혜를 지닌 사람들은 실제 우주 적덕의 원리를 모르는 사람이라고 비판하고 있는 것이다.

4.2. 덕행(德行)의 방식과 제 형태

제35장 덕(德)의 원리에 배치되는 덕행(德行)의 제 형태 (24)

企者不立, 跨者不行.
기자불립 과자불행
<돋움 발로 서 있는 사람은 제대로 서 있지 못하고, 가랑이 벌리고 걷는 사람은 올바로 걷지 못한다>

自見者不明, 自是者不彰,
자현자불명 자시자불창
<스스로 드러내는 사람은 밝지 못하고, 스스로 옳다는 사람은 빛나지 않는다>

自伐者無功, 自矜者不長.
자벌자무공 자긍자불장
<스스로 자랑하는 사람은 공이 없고, 스스로 아끼는 사람은 생장하지 못한다>

其於道也, 曰餘食贅形.
기어도야 왈여식췌형
<그것은 도의 원리에 있다. 말하자면 음식을 너무 먹어서 살이 찐 모양새이다>

物或惡之, 故有道者不處.
물혹오지 고유도자불처
<그것을 버리거나 싫어해라. 따라서 도가 있는 사람은 그러한 곳에 거처하지 않는다>

企(기): 발돋움하다.
跨(과): 가랑이 벌리고 걷다.
矜(긍): 아끼다.
贅(췌): 군더더기.
物(물): 없어지다. 죽음. 歾(몰)과 같은 의미.

의역 돋움발로 서 있으면 오래 서 있을 수 없고, 가랑이를 벌리고 걷는 사람은 잘 걸을 수 없다. 스스로 드러내는 사람은 흉기 발생으로 밝지 못하고, 스스로 옳다고 여기는 사람은 빛나지 못한다. 스스로 자랑하는 사람은 공이 없고 스스로 아끼는 사람은 역시 생장하지 못한다.

이것은 바로 道의 원리에 기인한다. 말하자면 이것은 지나치게 많이 먹어서 몸에 군더더기 살이 붙은 모양새이다. 따라서 그러한 道에 부합되지 않는 행위를 없애고 좋아하지 말라. 이러한 이유로 도를 아는 사람들은 그러한 방식으로 처신하지 않는다.

해석 이 장에서 노자는 도(道)의 원리를 따르는 덕행(德行)의 방식을 논하고 있다. 자랑, 자긍심, 스스로 옳다고 여김 등의 자세는 쓸 데 없는 군더더기로서 도·혈의 작동방식과 부합되지 않는 것으로 평가한다.

혈은 道의 기운으로 작동하면서 만물을 생하면서 소유하지 않고, 기르면서 의지 하지 않고, 공을 세워도 그 곳에 머물지 않는 모습을 보인다. 이러한 태도와 반하는 자랑하고 소유하고 의지하는 사람들의 태도는 도의 원리에 배치된다. 인간 역시 이러한 혈로부터 기운을 공급받아서 생명활동을 하기 위해서는 이러한 혈의 행태를 본받아야 穴이 올바로 작동하면서 그 기운 자체도 맑고 유하게 된다.

실제로 사람들이 자랑하고 소유하고 의지하는 행태는 인체에 존재하는 경락에 좋지 않은 구성 기운이 흐르게 만들면서 도모하는 각종 일은 물론, 건강에도 나쁜 결과를 초래하게 된다. 道는 하늘 용맥, 땅 용맥은 물론, 인간 경락에도 존재하기 때문이다. 이 도에는 각종 구성(九星)이 인간 마음가짐, 태도 등에 따라 다양하게 흐른다.

사람 마음이나 행위가 이 경락에 흐르는 구성 기운에 직·간접적으로 영향을 준다. 만약 청정하지 못한 마음이나 욕심이 앞선 행위는 인간 경락에 녹존, 문곡, 염정, 파군 등의 나쁜 구성 기운이 흐르게 하면서 하늘에 존재하는 천혈 천도(天道), 땅에 존재하는 혈 용맥 등에도 부정적 영향을 준다. 이로 인하여 일의 성취가 잘못되고 건강도 나빠지게 되는 것이다.

노자는 이 장에서 道의 원리가 체현된 혈의 운행 방식을 인간이 본받도록 요청하고 있는 것이다. 德의 道를 강조하는 것 역시 윤리적 차원이 아니라 우주의 원리가 체현된 자연적 원리를 기반으로 하고 있다. 반대로 도의 원리대로 행동하지 않으면 실제로 삶의 여정에서 손해를 본다는 것을 말하고 있는 것이다. 이러한 원리를 체득한 사람은 이러한 도리에 맞지 않는 마음자세와 행동을 하지 않는다.

제36장 각종 덕행(德行)의 형태와 음덕혈 동정 (54)

善建者不拔, 善抱者不脫, 子孫以祭祀不輟.
선 건 자 불 발 선 포 자 불 탈 자 손 이 제 사 불 철

<잘 건립된 것(혈)은 뽑혀 나가지 않고, 잘 둘러싸인 것(혈)은 (기운이) 이탈하지 않는다. 그래서 자손들이 제사 모시는 것을 그치지 않는다>

修之於身, 其德乃眞.
수 지 어 신 기 덕 내 진

<몸에 덕을 닦으면, 그 덕이 비로소 참되다>

修之於家, 其德乃餘.
수 지 어 가 기 덕 내 여

<집안에 덕을 닦으면, 그 덕이 그리하여 여유가 있다>

修之於鄕, 其德乃長.
수 지 어 향 기 덕 내 장

<마을에 덕을 닦으면, 그 덕이 비로소 오래 간다>

修之於邦, 其德乃豊.
수 지 어 방 기 덕 내 풍

<나라에 덕을 닦으면, 그 덕이 이에 풍부하다>

修之於天下, 其德乃普.
수 지 어 천 하 기 덕 내 보

<천하에 덕을 닦으면, 그 덕이 비로소 두루 펼쳐진다>

故以身觀身, 以家觀家, 以鄕觀鄕.
고 이 신 관 신 이 가 관 가 이 향 관 향

<고로 몸의 덕으로서 몸을 관찰하고, 집안의 덕으로서 집안을 관

찰한다. 마을의 덕으로서 마을을 관찰한다〉

以邦觀邦, 以天下觀天下.
이 방 관 방   이 천 하 관 천 하
〈나라의 덕으로서 나라를 살피고, 천하의 덕으로서 천하를 관찰한다〉

吾何以知天下然哉, 以此.
오 하 이 지 천 하 연 재   이 차
〈나는 어떻게 천하가 그러한지를 아느냐? 이것으로써〉

修(수): 베풀다. 덕으로 닦다.
輟(철): 그치다.

의역 적선으로 세운 양택은 사라지지 않고, 적선으로 잘 둘러싸여진 곳에 자리를 잡은 음택은 기운이 이탈하지 않는다. 이처럼 적선으로 음·양택을 잘 쓴다면. 자자손손 제사가 끊기지 않는다.

도의 원리대로 겸양하고 청정한 마음을 갖도록 몸의 덕을 잘 닦는다면, 그 덕은 정말 참되다. 집안을 위해 가족들에게 적선하고 음·양택을 건립하는 등의 덕을 닦으면, 그 덕은 매우 넉넉해진다. 적선으로 마을 발전을 위해 기여한다면, 그 덕은 점차 커질 것이다. 국가를 위해 헌신한다면, 그 덕이 풍성해질 것이다. 천하를 위해 공을 세운다면, 그 덕은 진정으로 두루 펼쳐질 것이다.

따라서 내 몸의 음덕혈 기운으로서 내 몸의 상태를 알고, 가문의 음덕혈로서 가문의 정황을 알 수 있다. 마을의 음덕혈로서 마을의 동정을 알 수 있고, 국가의 음덕혈로서 국가의 상황을 알 수 있다. 이와 같이 천하의 음덕혈 동정으로 세상의 변화 상태를 인지할 수 있는 것이다.

나는 어떻게 천하가 그러하다는 것을 아는가? 바로 음덕혈의 동향을 파악함으로써.

해석 이 장에서 노자는 각종 德行의 형태와 음덕혈 동정에 대하여 논하고 있다.

사람늘이 각종 형태의 덕을 쌓으면 자미원 음덕혈에 기운이 쌓인다. 자미원 음덕혈에는 고등 생명체의 혼(魂)이 들어와 있다. 적덕 행위를 하면, 이곳에서 신의 판단으로 개별 혼에 상응 기운을 넣어 주는 것이다. 자신에 대한 덕행이 거듭되면, 자미원 음덕혈과 연결된 머리 백회혈 아래 음덕혈에 기운이 증가된다. 가문, 마을, 국가, 천하 등에 대한 덕행으로 자미원 음덕혈은 물론, 본인 음덕혈, 가문 음덕혈, 마을 음덕혈, 국가 음덕혈, 천하 음덕혈에 기운이 쌓인다.

자신, 가문, 향리, 국가, 천하 등에 헌신적으로 기여하면, 상응하는 덕이 해당 음덕혈에 쌓인다. 이러한 각종 음덕혈 동향을 관찰하면, 자신, 가문, 고향, 국가, 천하 등의 동정을 파악할 수 있다. 이것은 음덕혈의 기운이 궁극적으로 각종 오행혈의 기운을 덕 기운 만큼 생하기 때문이다.

개별 음덕혈 기운이나 개별 오행혈 기운은 계측해보면, 실제로 동일하다. 음덕혈 기운을 인지할 수 있는 능력을 소지한 사람은 음덕혈 동정으로 만물의 길흉화복을 알 수 있다.

예컨대 육체 음덕혈 작동력이 멈추게 되면, 사람은 사망에 이를 수 있다. 이것은 덕(德) 기운의 부족으로 인한 정(精)의 고갈로부터 비롯된 것이다. 덕(德) 기운의 부족으로 재물 음덕혈 작동이 약화되면, 재물 얻기가 어려움에 빠진다. 또한 정치 음덕혈 덕(德)이 부족한 사람이 정치에 뜻을 두면, 그 뜻을 펼치기 어렵다. 이것은 음덕혈의 각종 덕(德) 기운이 모든 개별 오행혈을 추동하기 때문이다.

이 장에서 노자는 적덕 행위를 닦는다는 의미의 수(修)의 표현은 기존의 수행이 지니고 있는 소극적 정신 수양(修養) 의미에서 벗어나서, 이것을 포괄하면서도 남을 돕는 적극적 적선·적덕 의미로 사용하고 있다. 이것 역시 인위적이 아니라 천도의 이치를 따른 것이다.

특히 이 장에서는 적덕기운으로 음덕혈 기운이 상승하면 저절로 음양택 진혈을 얻어서 자손의 번창으로 제사가 자자손손 이어지게 된다고 말한다. 각종 적덕 형태는 음양택, 가문혈, 지역혈, 국가혈, 천하혈 등 외부 진혈(眞穴)을 얻게 함으로써 실제로 덕인(德人)의 발적(發蹟)을 실제로 이루게 만든다는 것이다. 실제로 사람들의 각종 덕(德)이 쌓이면, 음양택, 가문혈, 지역혈, 국가혈, 세계혈 등으로부터 해당 기운을 얻어서 스스로의 발적은 물론, 세상 발전에 두텁게 기여할 수 있게 된다.

제37장 실덕(失德)과 도·덕·인·의·예(道·德·仁·義·禮)의 변모 (38)

上德不德, 是以有德.
상 덕 부 덕   시 이 유 덕

<상덕은 (보이는) 덕이 아니기 때문에 덕이 생긴다>

下德不失德, 是以無德.
하 덕 불 실 덕   시 이 무 덕

<하덕은 (보이는) 덕을 행하기 때문에 덕이 없다>

上德無爲而無以爲, 下德爲之而有以爲.
상 덕 무 위 이 무 이 위   하 덕 위 지 이 유 이 위

<상덕은 무위여서 유위로 하지 않고, 하덕은 다른 사람을 위해 덕을 베풀지만, 유위로 한다>

上仁爲之而無以爲, 上義爲之而有以爲.
상 인 위 지 이 무 이 위   상 의 위 지 이 유 이 위

<상인은 타인을 위하되, 유위로 하지 않는다. 상의는 남을 위하되, 유위로 한다>

上禮爲之而莫之應, 則攘臂而仍之.
상 례 위 지 이 막 지 응   즉 양 비 이 잉 지

<상례는 남을 위하지만, 응하지 않는 즉, 팔을 걷어 올리고 예의로 이끈다>

故失道而後德, 失德而後仁.
고 실 도 이 후 덕   실 덕 이 후 인

<고로 도를 잃어버리면 나중에 덕이 나타나고, 덕을 잃어버리면 나중에 인이 등장한다>

失仁而後義, 失義而後禮.
실인이후의 실의이후례

<인을 잃어버리면 나중에 의가 나타난다. 의를 상실하면 나중에 예가 나타난다>

夫禮者忠信之薄, 而亂之首.
부례자충신지박 이란지수

<무릇 예란 것은 충성심과 믿음(忠信)이 엷게 된 것이며, 어지러움의 머리이다>

前識者, 道之華, 而愚之始.
전식자 도지화 이우지시

<앞에 기록한 것(禮)은 도의 화려함이고 어리석음의 시초이다>

是以大丈夫處其厚, 不居其薄, 處其實, 不居其華.
시이대장부처기후 불거기박 처기실 불거기화

<이러한 까닭으로 대장부는 두터운 곳에 머물고 엷은 곳에 머물지 않는다. 실한 곳에 머물고 화려한 곳에 머무르지 않는다>

故去彼取此.
고거피취차

<따라서 저것을 버리고 이것을 취한다>

識(식): 기록하다.

의역 상위의 덕(德)은 德을 베풀었는지 모를 정도여서 실제로 최고 덕 기운이 음덕혈에 축적된다. 하위의 德은 덕을 베푼 행위가 다른 사람들이 알게 되었기 때문에 德이 실제로 음덕혈에 쌓여지는 일이 별로 없다.

상위의 德은 천지의 작용 원리에 따라 저절로 유전자 형질이 발현되는 무위 행위의 결과이고, 유위 행위가 아니다. 하위의 德은 덕을 베푸는 행위를 하지만, 인위적 행위의 결과이다.

상위의 인(仁)은 어느 정도 타인을 위한 행위를 하지만 무리한 유위의 인을 행하지 않는다.

상위의 의(義)는 약간 타인을 위한 행위를 하지만, 무리한 유위(有爲)로 한다.

상위의 예(禮)는 약간 타인을 위한 행위를 하지만, 사람들이 이에 응하지 않을 경우, 팔을 걷어 올리고 예의를 행하라고 이른다.

따라서 실덕에 의한 흉한 구성의 영향으로 음덕혈의 주성이 작동하지 않으면서, 혈의 부성만이 작동하는 상황에 봉착한다. 이에 따라 穴은 나쁜 곳으로 이동, 문제가 대두됨으로써 비로소 덕(德)의 부족으로 인한 적덕 필요성이 등장한다.

이렇게 등장한 적덕 필요성도 강화된 실덕으로 세상이 더욱 혼탁해지면, 나중에 적은 규모라도 돕자는 인(仁)의 필요성이 등장한다. 이러한 仁의 필요성마저 덕 기운 악화로 세상에서 사라지게 되면, 추후에 옳음과 그름을 가리자는 의미의 의(義)의 필요성이 등장한다. 이러한 의(義)도 사라지게 되면, 상대를 존중하자는 예(禮)의 필요성이 대두된다.

무릇 예(禮)는 충성과 신의가 약화되어 생긴 것이기 때문에 예의 등장은 음덕혈 작동이 멈추면서 세상 혼란의 시작이 된다. 앞에서 기록한 예(禮)는 도(道)의 화려한 꽃에 불과한 것으로서 어리석음의 시작이 된다.

따라서 흉한 구성이 작동하지 않도록 대장부는 덕으로 돈후하게 처신하고 경박하게 행동하지 않는다. 좋은 기운이 있는 진혈(眞穴)에 머물고 화려함만 있는 화혈(花穴)에 머물지 않는다.

저것(義·禮)을 버리고 이것(道·德)을 취한다.

해석 이 장에서 노자는 도·덕·인·의·예(道·德·仁·義·禮) 등의 덕목의 순차적 변화가 덕의 부족에 의해 흉한 구성이 발동하면서 혈 기운의 변화로 야기되는 것으로 파악한다. 이러한 흉기에 대처하기 위한 방편으로 덕(德)을 돈후하게 쌓고, 좋은 혈(穴)을 선택해서 활용할 것을 요청하고 있다.

예컨대 상덕(上德)·상인(上仁) 행위는 남을 돕되 무위로서 한다. 반대로 하덕(下德)·상의(上義)·상례(上禮) 행위는 남을 도우려고 하지만, 의도가 있는 유위(有爲)의 행위이다. 여기에 내재되어 있는 원리는 일련의 인간 행위가 음덕혈의 작용에 영향력을 주면서 궁극적으로는 각종 혈 작용의 길흉과 함께 세상 각종 덕목의 변화로 나타나게 된다는 것이다.

도·덕·인·의·예(道·德·仁·義·禮) 등의 인간 행위의 변화는 부적절한 행위에 의한 덕 기운의 부족으로 혈이 나쁜 곳으로 이동하기 때문이다. 이외에도 우주 천혈 주변의 성진변화로 인한 길한 성진이 감소되면서 각종 혈이 나쁜 곳으로 이동하면서 점차 흉한 일이 발생한다. 따라서 사람들이 상황을 유지하거나 호전시키려면, 돈후하게 처신하고 화려한 모습의 화혈이 아닌 진혈을 얻어서 활용할 것을 요구한다.

더욱이 개별 혈의 상위 혈인 국가혈이 흉운의 도래와 통치자의 실덕으로 나쁜 장소로 이동하여 문제를 일으킨다면, 개인적 차원이 아니라 사회전반에 이러한 현상이 다반사로 일어난다.

이 장은 흉한 구성 작용으로 인한 상황 악화를 막으려면, 두터운 적덕 등과 같은 처신 변화와 함께 지상 제반 진혈을 얻어야 가능한 것으로 파악한다. 적덕으로 진혈을 얻고 진혈의 좋은 구성 기운으로 흉한 구성 기운을 제어해야 도·덕의 부재 상황을 극복하고 道와 德을 다시 회복할 수 있다는 것이다. 이러한 진혈 획득 여부는 적덕과 다시 연결되어 있기 때문에 통치자나 관계자들의 적덕만이 세상의 덕목 변화와 주변 상황을 제어할 수 있는 최선의 방책인 셈이다.

제38장 적덕(積德)의 부족 현상과 덕행 방식 (10)

載營魄抱一, 能無離乎?
재 영 백 포 일   능 무 리 호
<魄(넋)을 하나로 만들어서 육체에 실어도 (육체와) 분리되지 않겠는가?>

專氣致柔, 能如嬰兒乎?
전 기 치 유   능 여 영 아 호
<오로지 기운이 유한 상태에 이르렀다고 해서 영아처럼 될 수 있겠는가?>

滌除玄覽, 能無疵乎?
척 제 현 람   능 무 자 호
<(나쁜 것을) 씻어내고 없애서 우주를 본다고 해도 하자가 없을 수 있겠는가?>

愛民治國, 能無爲乎?
애 민 치 국   능 무 위 호
<나라를 사랑하고 백성을 다스린다고 해도 무위일 수 있겠는가?>

天門開闔, 能無雌乎?
천 문 개 합   능 무 자 호
<하늘 문이 열린다고 해도 (나쁜 기운을 받아들이는) 땅의 암컷 자리가 없을 수 있겠는가?>

明白四達, 能無知乎?
명 백 사 달   능 무 지 호
<명백하게 사통팔달한다고 해도, (사욕을 우선적으로 추구하는) 지혜가 없겠는가?>

生之畜之. 生而不有, 爲而不恃. 長而不宰.
생 지 축 지　생 이 불 유　위 이 불 시　장 이 부 재

<만물을 생하고 기른다. 생하지만 소유하지 않고, 위하지만 의지하지 않는다. 성장시키지만 주재하지 않는다>

是謂玄德.
시 위 현 덕

<이것이 우주의 덕이다>

滌(척): 씻다.　　　　　閭(합): 문, 문짝.

의역 백(魄)을 하나로 만들고 육체에 실어서 운행하더라도 건강을 관장하는 백(魄)이 육신과 분리되지 않을 수 있겠는가? 오로지 기운이 유(柔)한 경지에 이른다고 할지라도 영아처럼 유약한 기운이 될 수 있는가? 단전호흡으로 나쁜 기운을 씻어내고 우주의 光을 본다고 할지라도 하자가 없을 수 있는가? 나라를 사랑하고 백성을 다스린다고 할지라도 욕심 없는 무위로 매사를 행할 수 있는가? 청정한 하늘 혈의 문이 열린다 해도, 욕심이 매개되는 땅의 지혈(地穴)에 자신의 욕심이 작동하지 않겠는가? 분명하게 세상일에 통달한다고 해도 욕심에 의한 사익 도모가 없을 수 있겠는가?

덕(德)이 모든 것을 만들고 기른다. 만물을 낳지만 소유하지 않고, 위하지만 의지하지 않고, 생장시키지만 주재하지 않는다. 이것이 바로 우주의 德이다.

해석 이 장에서 노자는 덕의 부족으로 발생하는 다양한 측

면을 논하고 있다. 그러면서 덕행을 하더라도 덕의 보상을 바라지 않는 객관적 기능을 본받도록 암묵적으로 제시하고 있다.

덕이 부족하면, 섭생을 아무리 잘하고, 단전호흡을 하더라도, 기운이 영아처럼 완전히 유한 상태에 도달할 수 없다. 덕이 부족하면, 백성을 다스리는 것도 무위로 하지 못하고, 하늘 혈이 열려도 욕심으로 지혈과 천혈에 나쁜 기운으로 차게 된다. 또한 덕이 부족하면, 세상사에 달통하더라도 자신의 사익을 도모하는 지식이 발동하게 된다는 것이 도덕경의 견지이다.

위에서 설명하는 것처럼 육체건강 유지는 물론, 인사상 행위를 무위에 맞게 행하기 위해서는 적덕이 필수적으로 요구된다고 설파하고 있다. 실제로 사람들의 건강은 물론, 선업과 위업 모두 음덕혈 역량의 크기에 달려 있다. 실제 사람의 그릇은 음덕혈에서의 적덕의 질과 양에 의존하는 것이다.

이 장에서 도덕경은 덕행이 손해라는 속설과는 반대로 적덕만이 만사를 성사시키는 필수적 덕목이라고 피력하고 있다. 반대로 적덕의 부족은 생명을 위협하고 만사를 이루어지지 못하게 하는 지름길이라고 강조하고 있는 것이다.

그리하여 이 장에서는 덕이 만물을 기르고 위하고 성장하게 만들지만, 반대급부를 요구하지 않기 때문에 도·혈은 소유·의지·주재하지 않는 덕목을 지니고 있다. 따라서 덕의 부족으로 발생하는 문제를 해결하기 위해서는 도·혈과 같이 보상을 바라지 않는 덕의 행위 방식을 본받으라고 강조하고 있는 것이다.

5
혈(穴)의 제 형태와 역할

보리밭

5

혈(穴)의 제 형태와 역할

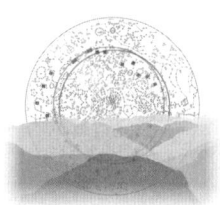

5.1. 천하혈의 제 형태와 개선방법

제39장 세상 관장 천하 모자혈(母子穴)과 유지 방법 (52)

天下有始, 以爲天下母.
천 하 유 시   이 위 천 하 모

<천하에는 시초가 있다. 그로써 천하의 어머니(穴)가 되었다>

旣得其母, 以知其子.
기 득 기 모   이 지 기 자

<이미 그 어머니 동향을 얻음으로써 그 자식(穴) 동정을 안다>

旣知其子, 復守其母, 沒身不殆.
기 지 기 자   부 수 기 모   몰 신 불 태

<이미 그 자식(穴)을 알고 다시 그 어머니(穴)를 지킨다면, 종신토록 위태롭지 않다>

塞其兌, 閉其門, 終身不勤.
색 기 태   폐 기 문   종 신 부 근

<그 (혈) 구멍을 막고 그 문을 닫으면 종신토록 근심이 없다>

開其兌, 濟其事, 終身不救.
개 기 태   제 기 사   종 신 불 구

<그 (혈) 구멍을 열고 일을 성취하려고 한다면, 종신토록 구제받지 못한다>

見小曰明, 守柔曰强.
견 소 왈 명   수 유 왈 강

<작은 것(穴)을 알면 밝음이 있다고 말한다. 柔(유)한 기운을 지키면 강하다고 말한다>

用其光, 復歸其明, 無遺身殃.
용 기 광   복 귀 기 명   무 유 신 앙

<그 光을 사용하면 다시 그 밝음으로 돌아가서 몸에 재앙을 남기지 않는다>

是謂習常.
시 위 습 상

<이것을 되풀이해서 익힌 법칙(習常)이라고 말한다>

勤(근): 걱정하다.
濟(제): 성취하다.

의역 세상에는 천하를 만든 최초의 혈이 있다. 그래서 이 천하 본원혈은 천하를 만든 어머니가 되었다. 그 본원혈 동정을 알았다면, 다시 천하 본원혈의 자식이 되는 하위혈 동향을 인지할 수 있다. 천하 본원혈이 문제가 없도록 다시 잘 유지하고 지킨다면, 아주 오랫동안 세상은 위태로운 상황에 이르지 않을 것이다.

본원혈과 그 하위혈의 기운이 설기되지 않도록 막고, 또한 원국 수구(水口) 밖으로 기운이 새지 않도록 잘 교결하면, 종신토록 근심이 없을 것이다.

그러나 본원혈 및 그 하위혈 기운이 혈 안에서 혈 밖으로 빠져나간다면, 어떠한 일의 성취도 종신토록 이루어지지 못할 것이다.

작은 혈이 세상을 관장한다는 사실을 안다면 우주의 이치를 아는 밝음(明)이 있다고 말할 수 있다. 또한, 기운 전달이 좋은 유(柔)한 기운을 잘 유지한다면 그 사람이야 말로 진정으로 강한 사람이다.

유전자(精)를 활성화시키기 위해 천광(天光)을 잘 활용한다면, 도의 이치를 잘 아는 밝음에 복귀하는 것이다. 그렇게 한다면 몸에 재앙을 남기지 않을 것이다.

이것이 바로 되풀이해서 얻어진 습상(襲常)이라고 한다.

해석 이 장에서 노자는 세상을 관장하는 천하의 모자혈(母子穴)과 그 유지 방법에 대하여 논의하고 있다. 노자는 천하의 만사가 우연히 생기는 것이 아니라 조그만 혈로부터 비롯되는 것이라고 설명한다.

이 천하혈과 그 하위혈 기운을 유약하게 유지하고 천광(天光)

을 활용하기 위해서는 이 혈들의 기운 설기를 막는 천문 지리적 보완책을 실행해야 한다고 지적한다. 그리하여 청정한 기운이 혈(穴)로 잘 흘러들어오고 천광이 내려오면, 혈 생성 기운이 세상에 널리 퍼져서 천하에 근심이 없어진다고 말한다. 부가적으로 이러한 천하혈이 잘 작동하기 위해서는 정룡(正龍) 위 진혈(眞穴) 터에 통치자 관련 음·양택을 건립하고, 수도를 잘 선정하고, 공공기관을 진혈에 건립할 필요가 있다.

혈의 기운을 유약하게 만들고 우주의 천광을 획득하여 천하의 안녕을 도모하는 것은 오래 전부터 일반적으로 지속되어 온 일상사 중의 하나로 노자는 인식하고 있다(習常). 이러한 언급은 일반인들에게는 생소하지만, 세상을 관장하는 천하 모자혈을 천문지리적 방법을 통하여 잘 유지하는 것이야 말로 세상을 평화롭고 태평하게 만들 수 있다고 말하고 있다.

제40장 천하혈로서 강해(江海): 부쟁지덕(不爭之德) (66)

江海所以能爲百谷王者, 以其善下之, 故能爲百谷王.
강해소이능위백곡왕자　이기선하지　고능위백곡왕
<강해가 백곡의 왕이 될 수 있는 까닭은 그것이 그 아래 강해에 잘 머물기 때문이다. 고로 백곡의 왕이 될 수 있다>

是以聖人欲上民, 必以言下之.
시이성인욕상민　필이언하지
<그래서 성인이 백성 위에 있고자 한다면, 반드시 언행은 백성 아래에 있어야 한다>

欲先民, 必以身後之.
욕선민　필이신후지
<백성 앞에 있고자 한다면, 반드시 몸은 그 뒤에 있어야 한다>

是以聖人處上而民不重, 處前而民不害.
시이성인처상이민부중　처전이민불해
<그리하여 성인은 백성 위에 있어도 백성들에게 무겁지 않게 느껴지고, 백성 앞에 있어도 백성들에게는 해가 되지 않는다>

是以天下樂推而不厭.
시이천하요추이불염
<그리하여 천하는 (성인을) 추대하기를 좋아하고 싫어하지 않는다>

以其不爭, 故天下莫能與之爭.
이기부쟁　고천하막능여지쟁
<성인은 다투지 않기 때문에 천하는 그와 더불어 다툴 수 없다>

의역 강과 바다가 수많은 골짜기를 다스리는 왕이 될 수 있는 까닭은 그것이 착하게 수많은 골짜기 아래 강해에 있으면서 모든 골짜기의 기운을 수용하기 때문이다. 따라서 수많은 골짜기의 왕이 될 수 있었던 것이다.

이에 따라 성인이 백성 위에 있고자 하면, 반드시 언행은 백성 아래에서 겸양의 덕을 보여야 한다. 먼저 백성 앞에 있고자 한다면, 반드시 몸은 백성 뒤에 있어서 세상을 위하는 공공선을 우선적으로 행해야 한다. 그리하여 성인이 백성 위에 있어도 겸손한 태도로 인하여 백성들은 자신을 억누르는 무거운 느낌을 갖지 않는다. 성인이 백성들 앞에 있어도 백성들을 위해 진력하기 때문에 백성들은 성인에 의하여 결코 피해를 입을 일이 없다.

그리하여 천하는 성인을 통치자로 추대하는 것을 싫어하지 않고 즐겨 한다. 그로써 이러한 처신으로 물(水)처럼 서로 다투지 않기 때문에 천하는 성인과 다툴 일이 없다.

해석 이 장에서 노자는 통치자가 세상을 다스리기 위한 처신으로 강해(江海)와 같이 아래에 처할 것을 강조하고 있다.

강이나 바다가 수많은 계곡 물을 수용할 수 있는 것은 앞에서 논했듯이 음기가 충만한 암컷 빈(牝)이기 때문이다. 음의 특성은 모든 것을 받아들일 수 있는 능력을 소지하고 있기 때문에 자신의 이익보다 타인의 이익에 봉사하는 겸양의 덕이 있다.

강해의 특성을 닮은 성인은 언행이 겸손하고 공익을 앞세우기 때문에 백성들은 성인을 통치자로 즐겨 추대한다.

이 장은 아래에 있으면서 수많은 계곡물을 수용하는 강해(江海)가 천하혈로 기능하는 것처럼, 사람들도 강해처럼 자세를 낮추면 천하를 다스릴 수 있는 통치자가 될 수 있음을 강조한 글이다. 더욱이 물의 특성상 남과 다투지 않고 일의 성취를 이루기 때문에 세상을 문제없이 다스릴 수 있다고 언급한다.

더욱이 위에서 강조하는 겸양, 적덕 등의 덕목은 기본적으로 탐랑, 거문, 무곡, 좌보, 우필 등의 길한 구성 기운으로 구성되어 있다. 때문에 필요 기운을 전달하여 유전자 형질을 자연스럽게 발현시킨다. 이에 따라 성인은 싸우지 않아도 도의 원리에 따라 일을 무리 없이 성취시킨다. 반면, 쟁투를 통해 얻고자 하는 일반 사람들의 마음은, 녹존, 파군 등과 같은 흉한 구성이 작동한다. 흉성은 일의 성사를 종국적으로 실패로 돌아가게 한다.

제41장 천하혈로서 자미원국 (35)

執大象, 天下往. 往而不害.
집 대 상   천 하 왕   왕 이 불 해
<커다란 대혈을 얻으면 천하가 그곳으로 향하고, 가도 해가 없다>

安平太, 樂與餌. 過客止.
안 평 태   악 여 이   과 객 지
<편안하고 태평하다. 즐겁게도 먹을 것을 준다. 과객도 걸음을 멈춘다>

道之出口, 淡乎!
도 지 출 구   담 호
<도의 출구는 담담하구나!>

其無味, 視之不足見, 聽之不足聞, 用之不足旣.
기 무 미   시 지 부 족 견   청 지 부 족 문   용 지 부 족 기
<그것은(대원국 혈) 맛이 없고, 보려고 해도 볼 수 없고, 듣고자 해도 들을 수 없지만, 그것을 써도 부족함이 없다>

餌(이): 먹이.

의역 대상(大象), 예컨대 자미원, 태미원, 천시원 등의 수많은 성진들 기운이 집결된 자미원국 대혈을 얻으니 세상 사람들이 기운을 얻으려고 모두 그 곳으로 향한다. 그 곳으로 가도 해로운 것이 없고 평안함이 매우 크다. 또한 즐겁게도 먹을 음식도 있으니 지나가는 과객도 걸음을 멈추고 머문다.

이 대혈의 문으로 내보내는 기운은 담담한 느낌이다. 일반인들은 그 곳 기운의 맛을 알 수 없고, 보려고 해도 완전히 볼 수 없고, 들으려 해도 충분히 들을 수 없다. 그러나 그 기운은 아무리 사용을 해도 전혀 부족함이 없다.

해석 이 장에서 노자는 천하혈로서 우주의 각종 기운이 집결된 자미원국에 대하여 논하고 있다. 이러한 우주 성진들의 기운이 집약된 대상(大象) 원국이 작동하면 천하가 그 기운을 얻으려고 그 곳으로 향한다. 상서로운 대혈 기운으로 인해 모든 사람들에게 편안하고 즐겁고 풍부한 물자가 공급되기 때문이다.

우주의 대원국은 자미원국, 태미원국, 천시원국 등의 삼 원국이 존재한다. 그 중 자미원국은 총 5,000여개의 생명 물질을 동시에 생성하여 만물에게 나누어준다. 자미원국은 과거 몇 만 년 동안 후천시대에서는 작동하지 않았으나, 현재 선천시대에서는 작동하기 시작하였다. 자미원국의 원성은 우주 중심별 천황대성(天皇大星)이다.

그 다음으로 태미원국이 있다. 과거 후천 태미원국의 중심별은 태미원 백제(白帝)이고 700 여개의 생명 산알을 생성하였다. 이 원국은 과거 미국의 국가혈로 작동하면서 미국이 세계 패권국 지위를 구가하게 하였다. 지금 미국의 국가혈은 선천 태미원국으로서 약 1,000여개의 생명 산알을 점차 증가시키면서 내보내고 있다.

이 장에서 노자는 이러한 원국 기운은 일반인들의 능력으로는 볼 수도 없고 찾을 수도 없다고 언급한다. 그렇지만 사용해도 끝없이 기운이 생성된다고 말한다. 이 장은 세상을 관장하는 천하혈의 일종으로서 우주의 커다란 기운이 집약된 자미원국, 태미원국, 천시원국 등의 기능 및 구조에 대해서 설명하고 있다.

제42장 천하혈의 소박성(素樸性)과 무위의 통치 (37)

道常無爲而無不爲.
도 상 무 위 이 무 불 위
<도의 법칙은 무위이고 하지 못하는 것이 없다>

侯王若能守之, 萬物將自化,
후 왕 약 능 수 지   만 물 장 자 화
<후왕이 만약 그것을 지킬 수 있다면, 만물은 장차 스스로 감화된다>

化而欲作. 吾將鎭之以無名之樸,
화 이 욕 작   오 장 진 지 이 무 명 지 박
<감화되어도 무모한 행위를 한다면, 나는 그것을 이름 없는 소박한 것으로 다스린다>

無名之樸, 夫亦將無欲.
무 명 지 박   부 역 장 무 욕
<무명의 순박함은 무릇 또한 장차 (백성들의) 욕심을 없앨 것이다>

不欲以靜, 天下將自定.
불 욕 이 정   천 하 장 자 정
<정(靜)함으로써 욕심내지 않으면, 천하는 장차 스스로 안정될 것이다>

常(상): 법칙.

의역 좋은 기운이 흐르는 道의 법칙은 우주 원리에 따라 무위이지만, 하지 못하는 것이 없다. 제후와 왕이 이러한 국가혈을 얻어서 문제없이 잘 유지한다면, 만물은 국가혈 기운에 스스로 감화된다.

그러나 백성들이 감화되었음에도 불구하고 무모한 행위를 한다면, 나는 장차 이름 없는 국가 혈의 소박한 기운을 가지고 세상을 다스릴 것이다. 이 혈의 소박한 기운은 무릇 백성들이 道에 배치되는 과도한 욕심을 부리지 않게 만든다. 기운이 유약한 고요한 상태를 유지함으로써 과도한 욕구가 사라지면, 천하는 장차 비로소 안정을 찾게 된다.

[해석] 노자는 이 장에서 성인, 왕, 제후 등이 천하를 다스리는 방법을 천하혈을 얻고 천하혈 기운을 소박하게 만들고, 청정한 마음을 지닌 무위(無爲)의 통치에서 찾고 있다.

천하를 다스리려면 통치자가 축적된 덕행으로 천하 관장 혈을 얻고, 지속적으로 소박한 기운을 갖도록 천하혈의 유지를 요구한다.

특히 천하혈의 소박한 기운을 얻으려면 무엇보다도 혈 기운과 동일한 청정한 상태의 마음가짐이 요구된다. 이 장에서는 천하를 다스리는 방식으로써 적덕으로 천하 혈 획득, 청정한 상태의 마음 유지, 천하혈로부터 소박한 기운 획득 등 일련의 과정이 요구된다. 이러한 기운이 통치자를 통해 백성들에게 제공되면서 백성들의 감화가 일어나게 된다.

오로지 길한 구성을 지닌 소박한 기운만이 과도한 욕심을 없애는 기능을 하기 때문에 노자는 천하혈의 소박성과 통치자의 청정한 마음을 강조한다. 천하혈에 소박한 기운을 흐르게 하고 통치자의 행실도 소박하면, 천하혈의 소박한 통치물질이 백성들에게 배포되면서 천하는 스스로 안정을 찾게 된다고 피력한다.

이 장에서 노자는 천하혈을 적덕으로 얻더라도 통치자가 백성들을 순박하게 만들기 위해서는 마음을 청정하게 유지하는 것이 필요하다고 말한다. 통치자가 순박하고 청정한 마음을 가져야 혈의 순박하고 청정한 기운을 얻을 수 있기 때문이다. 탁하고 욕심 많은 마음 상태의 경우에는 혈의 청정하고 순박한 기운을 인출할 수 없다. 이러한 측면에서 살펴보면, 사람늘의 청정한 마음, 겸양의 덕 등과 안팎 도·혈의 기운을 동일하게 일치시키라는 주문이다.

5.2. 천하혈의 작동 원리와 국가제도

제43장 적덕으로 천하 제 혈 획득과 국가제도 제정 (28)

知其雄, 守其雌, 爲天下谿.
지 기 웅 수 기 자 위 천 하 계
<그 陽(양)을 알고, 陰(음)을 지킨다면, 천하의 계곡이 된다>

爲天下谿, 常德不離, 復歸於嬰兒.
위 천 하 계 상 덕 불 리 복 귀 어 영 아
<천하의 계곡이 되고 늘 덕이 분리되지 않는다면, 다시 영아의 기운으로 되돌아간다>

知其白, 守其黑, 爲天下式.
지 기 백 수 기 흑 위 천 하 식
<그 흰 것을 알고 그 검은 것을 지켜서, (그 기운을) 천하의 제도로 삼는다>

爲天下式, 常德不忒, 復歸於無極.
위 천 하 식 상 덕 불 특 복 귀 어 무 극
<천하의 제도로 삼고 항상 덕이 어긋나지 않는다면, 다시 (다툼이 없는) 무극으로 복귀한다>

知其榮, 守其辱, 爲天下谷.
지 기 영 수 기 욕 위 천 하 곡
<그 영예를 알고 그 치욕을 지킨다면, 천하의 곡이 된다>

爲天下谷, 常德乃足. 復歸於樸.
위 천 하 곡 상 덕 내 족 복 귀 어 박
<천하의 곡이 되기 위해서는 늘 덕이 충분해야 한다. 그러면 다시

소박함으로 돌아간다>

樸散則爲器, 聖人用之, 則爲官長.
박 산 즉 위 기   성 인 용 지   즉 위 관 장

<소박함이 산포되어 제도를 만들고, 성인이 그것을 사용한다면,
세상을 관장함이 장구하게 된다>

故大制不割.
고 대 제 불 할

<고로, 커다란 제도는 나눠지지 않는다>

의역 하늘의 양(陽)인 천혈을 인지하고 음(陰)에 해당하는 땅의 지혈을 잘 작동하게끔 유지하면, 그것이 바로 천하를 관상하는 혈이다.

천하혈이 되기 위해서는 천하혈이 항상 적덕을 관장하는 음덕혈과 분리되어 작동해서는 안 된다. 천하혈에 충분한 적덕 기운이 음덕혈로부터 공급된다면, 천하혈은 영아(嬰兒) 기운과 같이 유약한 기운으로 복귀된다.

천하혈의 권력 기운(白)을 인지하고 경제·재물 기운(黑)을 잘 유지한다면[13], 천하혈은 혈 기운에 부합하는 세상의 제도를 만든다. 혈 기운에 합당한 천하의 제도·법률을 제정하기 위해

---

13) 여기에서 흰 색의 백(白)은 권력 금(金)기운의 색이다. 따라서 백(白)은 권력을 의미한다. 마찬가지 논리로 흑(黑) 색은 재물 기운 수(水)의 색이다. 따라서 흑(黑)은 재물·경제를 의미하는 것으로 해석한다.

서는 항상 이에 상응하는 적덕 기운이 천하혈에 어긋나지 않게 지속적으로 공급되어야 한다. 그렇게 되면 천하혈은 다툼이 없이 화합하는 무극의 상태로 돌아간다.

그 영광을 알고 치욕이 발생되지 않도록 하려면 천하혈 하위 분야별 천하혈(정치·경제·사회·문화·외교안보 등)도 잘 작동하도록 해야 한다. 부분별 천하혈이 잘 작동하기 위해서는 항상 적덕(積德)이 충분해야 한다. 그렇게 되면 분야별 천하혈 기운은 소박한 기운으로 돌아간다.

천하 제 혈에서 생성된 소박한 기운이 세상 사람들에게 보내진다면, 이 기운은 세상을 다스리는 수단이 된다. 성인은 이러한 기운을 활용해서 세상을 다스리는 것을 지속적으로 수행한다. 따라서 국가 헌법과 같은 커다란 제도는 조그만 제도로 나누어지지 않고 통합된 상태로 넓은 지역에서 장기간 적용된다.

[해석] 노자는 이 장에서 적덕 결과로서 천하 제혈 획득과 각종 국가제도 제정에 대해 논하고 있다. 천하를 관장하는 제반 혈이 잘 작동하기 위해서는 적덕이 필수적 요소라고 역설하고 있다. 적덕 기운이 떨어지면 세상에 다툼이 생기고 분란이 발생한다.

우선 먼저 천하혈이 되기 위해서는 자웅(雌雄), 즉 음양으로서 천혈과 지혈이 잘 작동 되어야 한다. 천하를 관장하는 천하혈(天下谿)은 神이 우주와 지상에 있는 천지 혈을 포착하여 대국을 통일한 사람의 영혼을 그 혈에 투입함으로써 작동하기 시작한다. 이러한 천하혈 역시 특정 지역에 작용하는 자연의 원리에 의해 생성되고 이 지역 천지기운 변화에 의해 흥망성쇠 명운이 만들어진다.

이 천하혈이 제대로 작동하기 위해서는 개국조의 영혼이 상당한 정도의 적덕·적선 기운을 지녀야 한다. 천하혈의 작동으로 좋은 기운을 외부로 생출하면, 이에 상응하는 국가제도가 생성되고 세상에 적용된다.

세상이 태평하려면 천하 본원혈 이외에도 하위 천하혈(天下穴), 예컨대 정치·경제·사회·문화·외교안보 등의 천하 하위혈들도 올바로 작동해야 한다. 여기에도 그 지역 분야별 최고전문가들의 적선·적덕이 전제되어야 한다. 예컨대 과거 이 지역의 특정 경제인의 덕이 높았다면, 神들은 이 사람의 경제관련 혼(魂)을 천하 경제혈로 이동시키고 혈 기운을 경제활동 종사자들에게 공급함으로써 국가 경제활동을 원활하게 만든다.

천하혈이 잘 작동하고 관련 기운이 세상에 제대로 공급되면, 성인은 이러한 기운을 활용하여 각종 필요한 제도를 제정, 천하를 오랫동안 다스릴 수 있게 된다. 커다란 국가가 수립되고 여러 종류의 제도가 만들어지는 것은 다름 아닌 모두 천하혈 기운으로부터 비롯된 것이다. 천하혈의 소박한 기운이 멀리 파급되어서 만들어진 제도는 이 기운이 존재하는 한, 절대로 다른 제도가 생성되지 못하게 한다.

이 장에서 노자는 천하혈과 그 하위혈이 제대로 작동하기 위해서는 관계자들의 높은 적덕이 필요하다고 강조한다. 높은 덕을 지닌 성인은 천하혈의 강력한 기운을 가지고 분열되지 않고 동일한 제도가 적용되는 넓은 지역을 다스릴 수 있는 것으로 평가한다. 이러한 측면에서 노자는 커다란 제도는 조그만 제도로 나누어지지 않고 넓은 지역에서 적용된다는 의미로서 대제불할(大制不割)을 이야기하고 있는 것이다.

특정 국가 제도가 만들어지고 세상을 관장하는 제반 천하혈도 운의 변화에 따라 부침을 겪을 수 있다. 이러한 부침을 약화시키고 기운을 한층 배가시키기 위해서는 최고 통치자 집무실이나 각종 하위 총리·장관 집무실은 물론, 국회, 사법부 청사 등을 진혈 처에 건립할 필요가 있다. 특히 공공기관이 들어설 수도(首都)가 자미원국, 태미원국, 천시원국 등에 해당되면 금상첨화이다.

그리고 각 도시별 특성에 맞게 금융기관, 문화예술, 스포츠, 군사, 학문연구 등에 관한 시설을 배치하면, 천하혈의 구성 기운은 타국이 대적하지 못할 정도로 뛰어날 것으로 판단된다. 특정 지역에 이러한 형태의 진혈이 제대로 작동하면, 바로 이 나라가 세계의 중심국가가 될 수 있는 것이다.

제44장 천하혈의 시간적 제한성과 세상 제도의 변화 (32)

道常無名, 樸, 雖小, 天下莫能臣也,
도 상 무 명 박 수 소 천 하 막 능 신 야
<도(천하혈)는 항상 호칭이 없다. 소박하다. 비록 작을지라도 천하는 (천하혈을) 신하로 삼을 수 없다>

侯王若能守之, 萬物將自賓.
후 왕 약 능 수 지 만 물 장 자 빈
<후왕이 만약 그것을 지킬 수 있다면, 만물은 장차 (후왕을) 예방하는 손님이 된다>

天地相合, 以降甘露, 民莫之令而自均.
천 지 상 합 이 강 감 로 민 막 지 령 이 자 균
<천지가 서로 합함으로써 감로가 내리고, 백성들은 영이 없어도 스스로 경작을 한다>

始制有名, 名亦旣有.
시 제 유 명 명 역 기 유
<초기 제도는 호칭이 있고, 이름 역시 과거에도 있었다>

夫亦將知止. 知止, 可以不殆.
부 역 장 지 지 지 지 가 이 불 태
<무릇 또한 (이 제도가) 장차 끝남을 안다. 끝남을 알면 위태로울 수 없다.>

譬道之在天下, 猶川谷之於江海.
비 도 지 재 천 하 유 천 곡 지 어 강 해
<도가 천하에 있는 것은 천곡이 강해에 이르는 것과 비유된다>

均(균): 가꾸다, 경작하다.

의역 구성 기운이 흘러들어오는 천하 혈은 보통 이름이 없고 기운이 소박하다. 비록 穴은 작지만(약 30 cm 전후), 천하는 그 혈을 자신의 신하로 삼을 수 없다.

제후와 왕은 천하혈을 얻어서 문제점 없이 잘 유지할 수 있다면, 장차 만인은 손님으로서 통치자를 예방한다. 천지 기운이 혈 내에서 서로 화합함으로써 모든 문제가 해결되고 행복을 가져다주는 감로(甘露)가 내리게 된다. 그렇게 되면 백성들은 영(令)이 없어도 스스로 경작한다.

처음에 국가 제도에 대한, 예컨대 왕조, 관직, 세법 등에 대한 명칭이 있다. 각종 국가 제도 명칭은 과거에도 있었던 적이 있다. 이것으로 무릇 사람들은 현재의 국가제도가 앞으로 사라질 것이라는 점을 인지할 수 있다. 특정 제도가 사라질 것이라는 것을 인식할 수 있다면, 모든 제도나 국가의 멸망이 자연적 현상이기 때문에 이러한 제도에 매달려서 발생하는 위태로운 상황에는 봉착하지 않게 될 것이다.

각종 천하혈이 천하 여러 곳에 있을 수 있다는 것은 마치 수많은 계곡물이 강과 바다에 도달하는 것과 비유할 수 있다. 천하의 道는 시간이 흐르면서 혈 기운의 변화를 초래함으로써 천하혈도 변모과정에 노정되었다는 의미이다.

해석 이 장에서 노자는 세상 제도의 변모도 천하혈 기운의 변화로 발생한 것으로 파악하면서 천하혈도 작동에서 시간적 제한성이 있는 것으로 강조하고 있다. 천하혈도 궁극적으로 영원히 작동하는 것이 아니라, 시간 흐름에 따라 기운 변화가 있는 흥망성쇠 과정에 노정되어 있다는 것이다.

이러한 천하혈이 비록 작을지라도, 누구도 이것을 자신의 하인이나 아랫사람으로 부릴 수 없고, 세상만사는 모두 천하혈에 의해 규정받는다. 국가의 명운도 흥망성쇠 과정에 노정되어 있고, 국가 제도도 시간이 흘러가면서 바뀐다.

시간의 흐름에 따라 천하혈은 기운이 변화하고, 경우에 따라서는 완전히 작동을 멈추고 다른 천하혈로 교체될 수도 있다. 이것은 천하 우주 천혈이 특정궤도를 운행하면서 주변 성진 구성의 변화, 통치자의 마음자세 변화 및 새로운 천하혈 관련 음·양택 건립 때문에 발생한다.

따라서 특정 국가의 존립을 고수하고 특정 제도에 집착하면 위험한 지경에 이르게 될 수도 있다고 노자는 경고한다. 세상 제도가 변화하고 사라지는 흥망성쇠 현상은 인위적으로 생성된 것이 아니라 모두 천하혈 기운 변화로 인한 자연적 현상인 것이다. 이러한 천하혈의 시간적 제한성도 절대적으로 규정되어 있는 것이 아니라, 적덕 강약, 국가수도 위치, 적절한 공공시설 건립, 목적성에 부합하는 도시 건설 등으로 다시 영향을 받는다.

제45장 국가혈 기운 제고 개선책 강구 (80)

小國寡民.
소 국 과 민
<작은 것은 국가를 관장하고 적은 것은 백성을 주재한다>

使有什佰之器而不用, 使民重死而不遠徒.
사 유 십 백 지 기 이 불 용   사 민 중 사 이 불 원 도
<수백 가지 유용한 제도가 있게 하여도 사용하지 못하고, 백성들이 죽음을 중히 여겨서 멀리 나가지도 않는다>

雖有舟輿, 無所乘之. 雖有甲兵, 無所陳之.
수 유 주 여   무 소 승 지   수 유 갑 병   무 소 진 지
<비록 배와 수레가 있어도, 그것을 타고 갈 곳이 없다. 비록 갑병이 있어도 진을 칠 곳이 없다>

使民復結繩而用之,
사 민 부 결 승 이 용 지
<다시 끈을 잘 교결하게 하여 백성들이 그것을 사용하게 하면,>

甘其食, 美其服, 安其居, 樂其俗.
감 기 식   미 기 복   안 기 거   악 기 속
<그 음식은 달고, 그 의복이 아름답다. 그 사는 곳이 편안하고, 그 풍속을 즐긴다>

隣國相望, 鷄犬之聲相聞, 民至老死不相往來.
인 국 상 망   계 견 지 성 상 문   민 지 노 사 불 상 왕 래
<주변국들이 서로 바라보고, 닭과 개의 우는 소리를 서로 듣지만, 백성들은 늙어도 (주변국과의 분쟁으로) 생사가 서로 왔다 갔다 하지 않는다>

의역   국가 관장 혈은 작고 백성들의 명운을 주관하는 하위 혈도 많지 않다. 국가관련 혈 기운이 설기되어 나빠진다면, 수많은 이기(利器)가 있어도 사용할 수 없다. 백성들이 목숨을 중히 여겨 치안의 부재로 멀리 가지 않고, 배와 수레가 있어도 타고 갈 곳이 없다. 또한 중무장한 군대가 있어도 진을 칠 장소가 없다.

혈의 기운 개선 방법으로 끈으로 잘 묶어서 혈 기운 설기를 막고 기운을 회복해서 사용을 잘하면, 백성들은 음식을 달게 먹고, 아름다운 옷을 입으며, 거주지가 편안하며, 전래의 풍속을 즐기게 된다.

또한 국가 제반 혈 기운이 좋아지면, 주변국들은 서로 쳐다보고 닭과 개 우는 소리를 서로 듣는다. 그렇지만, 백성들은 늙도록 주변국과의 분쟁으로 생사를 놓고 서로 충돌하지 않게 된다.

해석   이 장에서 노자는 국가 질서를 관장하는 국가혈(국가 기본질서, 안보, 왕조, 민주주의 등)과 백성들의 삶을 주관하는 백성혈(경제, 건강, 조세 등)을 논하면서 이들 기운이 좋지 않을 경우 국가 제반 혈의 변화를 제어하는 개선책을 강구하도록 권하고 있다.

국가 제반 혈의 기운이 좋지 않으면, 이 기운을 받는 백성들의 혈 기운도 나쁘게 되면서 문명 이기를 사용할 수 없고, 치안 부재로 백성들은 목숨을 중히 여기게 되면서 멀리 나가지 않고, 교통수단은 타고 갈 곳이 없을 정도로 나라가 황폐해진다고 언급한다.

그러나 작동력 미흡으로 국가혈의 기운이 설기된다면, 이것을 개선해야 할 필요성이 있다. 예컨대 국가혈의 문제점을 개선하고 수구를 잘 교결시키면, 국가혈 기운이 좋아져서 음식, 의복, 주거 등이 풍족하고, 백성들이 풍속 및 취미도 즐기게 된다. 한편, 주변국과의 관계도 평화롭게 되면서 상호 충돌 및 전쟁이 발생하지 않을 것으로 언급하고 있다.

이 장에서 노자는 나라가 태평하고 국민이 편안한 국태안민(國太安民) 상황은 우연이나 인위적으로 만들어지는 것이 아니라, 적덕, 겸손, 청정 등의 덕목을 갖춘 지도자 영혼이 깃든 국가혈이 제대로 작동해야 하고, 문제가 있으면 개선해야 한다고 피력하고 있다. 이러한 또 다른 방책으로는 수도 이전, 공공시설 진혈 처 건립, 목적에 맞는 도시 개발, 통치자 관련 음·양택 건립 등을 통하여 국가 제반 혈들의 기운을 증대시킬 수도 있다.

제46장 음택과 천하혈 (59)

治人事天莫若嗇. 夫唯嗇, 是以早服,
치 인 사 천 막 약 색　부 유 색　시 이 조 복

<사람을 다스리고 천하를 섬기는 것은 음택 건립보다 중요한 것이 없다. 무릇 오로지 음택 건립을 위해서는 진혈처를 사전에 확보하는 것이다.>

早服謂之重積德. 重積德則無不克,
조 복 위 지 중 적 덕　중 적 덕 즉 무 불 극

<진혈의 사전 확보는 말하자면 적덕이 거듭되어야 하는 것이다. 적덕이 두터우면 극복하지 못하는 것이 없다>

無不克則莫知其極. 莫知其極, 可以有國,
무 불 극 즉 막 지 기 극　막 지 기 극　가 이 유 국

<(진혈을 얻으면) 극복하지 못하는 것이 없다. 그것은 그 끝을 알지 못한다. 그 끝을 알지 못한다는 것은 국가도 얻을 수 있다는 말이다>

有國之母, 可以長久.
유 국 지 모　가 이 장 구

<국가를 만드는 어머니 혈을 가지면, (국가를) 장구하게 운영할 수 있다>

是謂深根固柢, 長生久視之道.
시 위 심 근 고 저　장 생 구 시 지 도

<이것은 뿌리가 깊고 견고하게 내리는 것을 말한다. 장생을 장기간 보는 것이 바로 도이다>

早服(조복): 미리 상복을 입는다는 것으로서 미리 좋은 음택 묘소 자리를 확보한다는 의미이다.
柢(저): 뿌리를 내리다.

의역 사람을 다스리고 하늘을 섬기는 데에는 참된 혈에 음택 건립하는 것보다 더 나은 것은 없다. 오로지 땅에서의 음택 건립은 좋은 기운으로 만사를 성사시킬 자리를 미리 확보하라는 것이다.

이러한 음택 진혈처의 사전 확보는 적덕이 거듭되어야 가능한 일이다. 적덕이 두터워지면 음택 진혈의 기운으로 극복하지 못할 것이 없다. 극복하지 못함이 없다는 것은 그 끝이 어딘지를 알지 못한다는 것이다. 그 끝을 알지 못한다고 말하는 이유는 국가까지도 얻을 수도 있기 때문이다.

만약 국가를 관장하는 원천으로서 국가혈을 얻는다면, 그 국가는 장기간 지속할 수 있다. 이것을 일컬어 뿌리가 깊고 튼튼해서 오래 지속되는 길이라고 말한다.

해석 이 장에서 노자는 사람을 다스리고 하늘을 섬기는 데 필수적으로 요구되는 것은 적덕을 통해 필요 기운을 공급해 줄 수 있는 음택의 건립에 있다고 설파한다. 음택 명당을 얻으면, 천하혈을 얻을 수도 있고, 또한 획득한 천하혈이 있다면, 그 기운을 증대시키기도 한다.

특히 음택(묘소)의 기운을 받아서 천하까지도 경영할 수 있게 된다. 일반인은 적덕이 적어서 지상에 존재하는 본인 각종 혈 기운만으로 삶을 영위하지만, 이 세상에서 특별한 업적을 내는 사람은 본인 혈 기운 이외에도 추가로 음택 기운을 받았기 때문인 것이다.

따라서 덕이 돈후하면 지상의 음택 기운을 받아서 오랫동안 복록을 누리고 장수할 뿐 아니라, 가문, 국가 등의 공동체가 장기간 지속되게 할 수 있다고 강조한다. 그러나 좋은 음택을 얻고 그 기운을 받기 위해서는 상응하는 적선과 적덕이 필요하다.

사람들의 영혼이 하늘에만 존재하면 하늘 기운만을 받는다. 지상에 육신을 가진 생명체로 태어나면, 하늘 기운과 땅 기운을 동시에 받아서 영혼을 빨리 진화시킬 수 있다. 더욱이 전생과 현생에서 적덕이 두터우면 본인 지상 혈 기운을 능가하는 음택 기운을 받아서 위업을 이루고 본인 영혼의 진화·발전도 다른 사람들보다도 훨씬 많이 도모할 수 있다.

이 장에서 노자는 치인사천(治人事天)을 위해 적덕을 통한 음택의 중요성을 강조하고 있다. 여기에서 사용된 색(嗇)은 농사짓는 땅으로부터 수확한다는 색(穡)[14]을 형상화한 문자로서 토(土)의 의미인 음택을 은유적으로 표현하고 있다. 조복(早服)의 복(服)은 상복(喪服)을 지칭하는 말로서 색(嗇)이 음택이라는 점을 상징적으로 표현하는 말이라고 유추해 볼 수 있다.

---

14) 사주 명리학에서 토(土)로 이루어진 사주 격국을 가색(稼穡)격 사주라고 한다.

5.3. 천하혈과 국제관계

제47장 대국과 소국 관계: 기운의 음양 관계 (61)

大國者下流, 天下之交, 天下之牝.
대 국 자 하 류   천 하 지 교   천 하 지 빈
<대국이란 것은 하류에 있으면서 천하가 교합하는 장소가 된다. 천하의 陰(음)이 된다.>

牝常以靜勝牡, 以靜爲下.
빈 상 이 정 승 모   이 정 위 하
<陰(음)은 항상 靜(정)함으로써 陽(양)을 이긴다. 靜(정)함으로써 아래가 된다>

故大國以下小國, 則取小國.
고 대 국 이 하 소 국   즉 취 소 국
<고로 대국은 소국 아래에 있음으로써 소국을 취한다>

小國以下大國, 則取大國.
소 국 이 하 대 국   즉 취 대 국
<소국은 대국 아래 자세를 취함으로써 대국을 취한다>

故或下以取, 或下而取.
고 혹 하 이 취   혹 하 이 취
<고로 혹시 아래(陰)로서 취하고, 또는 아래의 자세로서 취한다>

大國不過欲兼畜人, 小國不過欲入事人.
대 국 불 과 욕 겸 휵 인   소 국 불 과 욕 입 사 인
<대국은 백성을 부양하고자 하는 것에 불과하고, 소국은 대국 아래 들어가서 백성을 섬기고자 하는 것에 불과하다>

> **夫兩者各得所欲. 大者宜爲下.**
> 부 양 자 각 득 소 욕 대 자 의 위 하
> <무릇 양자는 각기 원하는 바를 얻는다. 큰 것은 아래에 있는 것이 마땅하다>

의역 대국 기운은 아래에 있으면서 천하가 그 곳에서 음양 교합을 한다. 그래서 천하 기운이 들어오는 음혈이 된다. 음혈은 항상 정(靜)함으로써 양 기운을 수용한다. 정(靜)한 상태를 유지함으로써 음 기운은 양 기운 아래에 위치한다.

따라서 대국은 모든 소국 기운을 받아들이는 아래에 위치함으로써 소국의 지지를 얻고, 소국도 자세를 낮춤으로써 대국의 협력을 얻는다.

따라서 어떤 경우는 양 기운을 받아들이는 아래에 위치하고, 어떤 경우는 자세를 낮춤으로써 상대국의 지지와 양해를 얻는다.

국제관계에 있어서 대국의 목적은 보다 백성들을 잘 부양하고자 하는 것에 지나지 않는다. 소국 역시 대국 아래에 들어가서 백성들을 잘 다스리고자 하는 것에 불과하다.

무릇 이 양자가 각기 원하는 바를 얻기 위해서는 대국이 마땅히 소국의 기운을 수용하는 아래에 위치해야 한다.

해석 이 장에서 노자는 소국과 대국 간의 관계를 국가기운의 음양 관계로서 논하고 있다. 소국과 대국이 좋은 관계를 형성하기 위해서는 음양교회가 잘 이루어져야 한다. 이것을 위해서는 대국이 아래에 있으면서 소국의 정당한 요구를 수용해야 한다고 말한다.

이 관계에서 핵심적 사항은 대국은 소국의 기운을 받아들이는 음혈로서 작동한다는 것이다. 따라서 대국은 소국의 천곡 (川谷) 물이 마지막으로 도달하는 강이나 바다에 해당하여, 기운이 청정하다. 반면 소국 기운은 대국의 혈로 기운을 보내는 파장수가 상대적으로 높은 양기를 지니고 있다.

그리하여 대국은 파장수가 낮은 길한 구성이 작용하는 대혈이기 때문에 소국의 정당한 요구와 협력을 수용한다. 또한 소국은 파장수가 상대적으로 높은 소혈이기 때문에 대국에게 자세를 낮추어 대국의 정당한 협력요구를 받아들인다. 대소국 모두 자국 백성을 잘 살게 하는 것이 기본목적이기 때문에 대국과 소국의 관계가 제대로 작동하기 위해서는 대국이 소국의 기운을 받아들이는 아래 부분에 있어야 한다고 강조한다.15)

이 장에서 노자는 국제관계를 개별 국가혈 기운의 음양 관계

---

15) 실제로 대국과 소국의 음양 기운을 계측해보면, 대국은 양기를 받아들이는 陰 기운을 많이 지니고 있다. 대국이 음기보다 양기를 많이 지니고 있다면, 그 나라의 외교안보정책은 폭력적이고 강압적 정책을 구사하는 경향이 높다. 그러한 경우 주변 소국과의 관계가 긴장관계에 있거나 충돌이 빈번하게 발생하는 경향을 지니고 있다.

로 설명하면서 대국이 소국의 아래에 존재하면서 소국의 정당한 요구를 받아주어야 음양교회가 만들어지면서 분쟁 없는 국제관계가 형성될 것으로 판단한다.

위의 사례는 일반적 경우이다. 국제관계에서 승리하기 위해서는 가능한 한 유약한 기운을 많이 만들어야 한다. 그렇게 하면, 우여곡절이 있을지라도 기운이 유약한 국가가 종국에는 승리하게 된다고 도덕경은 가르치고 있다(48장 참조). 국제관계에서도 강한 정책만이 승리를 보장하지 않는 것은 이 정책 수행 용맥에는 흉한 구성이 흘러서 최종적으로는 실패하게 되어 있기 때문이다.

제48장 국제관계 기운의 유강(柔强) 인식 (36)

將欲歙之, 必固張之.
장 욕 흡 지 　필 고 장 지
<장차 어떤 것을 거두기 위해서는 반드시 (상대) 기운이 견고하게 되도록 베풀어라>

將欲弱之, 必固强之.
장 욕 약 지 　필 고 강 지
<장차 상대를 약화시키기 위해서는 반드시 (상대) 기운이 견고하게 되도록 강하게 만들어라>

將欲廢之, 必固興之.
장 욕 폐 지 　필 고 흥 지
<장차 그것을 없애기 위해서는 반드시 (상대) 기운이 견고하게 되도록 상대를 흥하게 하여라>

將欲奪之, 必固與之.
장 욕 탈 지 　필 고 여 지
<장차 그것을 빼앗기 위해서는 반드시 (상대)기운이 견고하게 되도록 상대에게 주어라>

是謂微明, 柔弱勝剛强.
시 위 미 명 　유 약 승 강 강
<이것은 미묘한 밝음(微明)이라고 말한다. 유약한 것이 강한 것을 이긴다>

魚不可脫於淵, 國之利器不可以示人.
어 불 가 탈 어 연 　국 지 리 기 불 가 이 시 인
<물고기는 연못에서 떠날 수 없다. 나라의 이로운 도구(국가혈)는

사람들에게 보여줄 수 없다〉

歙(흡): 거두다.

의역 장차 어느 것을 거두기 위해서는 반드시 상대기운을 흉한 구성의 고주파로 변화시키는 강건한 방법으로 상대방에게 베풀어라. 장차 상대방을 약화시키기 위해서는 반드시 상대의 기운을 고주파로 변화하도록 강하게 만들어라. 장차 어떤 것을 없애고자 한다면, 반드시 상대 기운을 강하게 하는 방식으로 흥하게 하라. 장차 상대방의 어떤 것을 빼앗으려고 한다면, 반드시 상대방의 기운이 강건하도록 그들에게 무엇인가를 주어라.

이것을 일컬어 알기 어려운 밝음, 즉 미명(微明)이라고 한다.

길한 구성으로서 저주파의 유약한 기운이 흉한 구성 고주파의 강건한 기운을 이긴다.

백성들은 물고기처럼 국가와 같은 연못 밖으로 나와서 살 수 없다. 국가 및 백성들에게 좋은 기운을 공급해주는 국가혈을 다른 나라 사람들에게 보여주지 말라. 보여주면 국가혈이 파괴되어 국가 운명이 나쁘게 바뀔 수 있다.

해석 노자는 이 장에서 대립적인 국제관계에서 승리하기 위해서는 국가혈 기운이 좋은 국가는 상대국가의 기운을 유전자 정보를 많이 탑재하지 못하는 고주파로 변환시키도록 각종 정책을 취할 것을 요구하고 있다. 이를 위해서는 국제관계의 유강(柔强) 인식이 필요하다.

여기에서 한자 고(固)는 굳건하고 단단한 모습을 상징하는 것으로서 유약한 것의 반대인 강강(剛强)과 동일 의미를 지닌 것이다. '유약한 것이 강건한 것을 이긴다'는 도(道)의 원리가 이 장에서는 국제관계에 응용되고 있는 것이다. 일반 인간관계에서도 적용될 수 있다. 유약한 기운은 구성 가운데 탐랑, 거문, 무곡 등의 길한 구성이고, 반대로 강한 기운은 구성 가운데 녹존, 염정, 파군 등과 같은 흉한 구성이다.

따라서 국가 관계에서 고주파 방식이란, 예컨대 국력이 약한 상대방과 군비경쟁을 하게 되면, 경제부문의 쇠퇴를 만들어서 상대국가 혈 기운이 나쁜 고주파로 변화되면서 상대국은 멸망의 길로 들어가지 않을 수 없다. 군비경쟁은 상대국의 안보를 강하게 만들 수 있지만, 궁극적으로는 상대국을 패망의 길로 들어서게 만드는 것이다.

마찬가지로 통일 전 서독은 동독이 동독주민의 인권을 보호하면 경제협력을 증진시키는 정책을 구사하였다. 교류협력의 결과로 동독주민들은 서독 체제의 우월성을 인지하게 되면서 동독 국가혈 기운은 흉한 구성을 탑재하는 고주파로 변화되었다. 이에 따라 동독은 점차 패망의 길로 들어서게 되었던 것이다. 바로 장차 상대국을 없애려면 먼저 경제협력으로 흥하게 하라는 문구가 이러한 사례에 해당된다.

이 장에서 노자는 다른 국가에게 승리하기 위해서는 국제관계 기운의 유강(柔强) 관계를 올바로 인식할 것을 촉구한다. 자국의 기운은 길한 구성이 작동하게끔 유약하게 만들고, 경쟁국 기운은 흉한 구성이 작동하게끔 강하게 만드는 정책을 구사해야 최종적으로 승리할 수 있다고 말한다. 이러한 설명은 상상력 동원이 아니라 구성이 흐르는 道의 원리에 입각하고 있다.

특히 국가의 명운을 관장하는 국가혈은 다른 나라사람들이 그 위치를 알지 못하게 해야 한다고 말한다. 이 혈 소재를 아는 다른 나라사람들이 국가혈을 파괴하면 나라의 멸망도 초래할 수 있기 때문이다.

6
도(道)와 성인(聖人)

나락해

6

도(道)와 성인(聖人)

6.1. 성인과 적덕

세49장 사사로움 없는 성인의 덕성 (7)

天長地久.
천 장 지 구

<천지는 장구하게 존속한다>

天地所以能長且久者, 以其不自生. 故能長生.
천 지 소 이 능 장 차 구 자   이 기 부 자 생   고 능 장 생

<천지가 장구하게 존속될 수 있는 까닭은 스스로를 생하지 않기 때문이다. 그래서 장생할 수 있다>

是以聖人後其身而身先. 外其身而身存.
시 이 성 인 후 기 신 이 신 선   외 기 신 이 신 존

<이러한 까닭으로 성인은 그 몸을 뒤에 둠으로써 몸이 앞에 있다. 그 몸을 밖에다 두기 때문에 몸이 보존된다>

> 非以其無私邪? 故能成其私.
> 비 이 기 무 사 사   고 능 성 기 사
> <그것은 사사로움이 없기 때문이 아니겠는가? 그리하여 성인은 그 사사로움을 이룰 수 있다>

의역 천지(天地)는 장구하게 존재한다. 이처럼 천지가 장구(長久)하게 존속하는 것은 스스로를 생하지 않기 때문이다. 그래서 천지는 장기간 존재할 수 있다. 성인은 공익에 대한 헌신으로 자신의 이익을 다른 사람 뒤에 놓기 때문에 자신이 다른 사람보다 앞에 있을 수 있다.

또한 자신의 이익을 밖에다 두고 자신의 사욕을 보살피지 않기 때문에 자신을 잘 보존할 수 있다. 이러한 성인의 행위에는 사사로움이 없기 때문이지 아니한가? 그리하여 성인은 반대로 자신의 개인적 사사로움을 이룰 수 있다.

해석 이 장에서 노자는 사사로움이 없는 성인의 덕성에 대해 논하고 있다.

하늘과 땅이 오랫동안 지속되는 것은 자신을 위하지 않고 다른 것을 먼저 위하기 때문이다. 이러한 원리 아래 성인도 자신보다는 다른 사람을 먼저 위하기 때문에 자신의 명예나 지위도 유지할 수 있다. 이것은 성인의 행위에는 자신을 위하는 사익 추구가 없기 때문에 자신의 개인적 위상은 물론, 명예도 이루고 유지할 수 있는 것이다.

이러한 논리는 도덕경에 면면히 흐르는 철학의 본질이다. 이것을 혈의 시각에서 살펴보면, 타인과 세상을 위한 덕행(德行)으로 혈 기운을 덜어내면서 혈 작동력을 높이는 한편, 우주 음덕혈(陰德穴)에서 성인의 혼(魂)에 길한 구성 기운이 증가되면서 오히려 성인은 자신의 지위와 명예가 확대될 수 있는 것이다.

사사로움이 없는 마음자세는 탐랑, 거문, 무곡, 좌보, 우필 등 길한 구성 기운을 신체 경락과 외부 도·혈에 흐르게 한다. 반면, 사적 이익 추구 마음자세는 녹존, 문곡, 염정, 파군 등의 흉한 구성 기운을 흐르게 만든다. 이러한 구성 기운의 차이가 지위, 명예, 재물 등의 성취 여부와 고저를 결정하는 것이다. 사익 추구와 공익 추구의 행위가 우주 도에 흐르는 구성 기운으로 과학적으로 입증되는 셈이다.

제50장 성인의 두터운 적덕과 천하의 의탁 (13)

寵辱若驚, 貴大患若身.
총 욕 약 경   귀 대 환 약 신
<영예와 치욕은 놀람과 같다. 貴(귀)는 몸과 같이 커다란 근심이 된다>

何謂寵辱若驚? 寵爲上, 辱爲下.
하 위 총 욕 약 경   총 위 상   욕 위 하
<어찌하여 영예와 치욕은 놀라움이라고 말하는가? 영예가 상이 되고, 치욕은 하가 된다>

得之若驚, 失之若驚. 是謂寵辱若驚.
득 지 약 경   실 지 약 경   시 위 총 욕 약 경
<그것을 놀라움과 같이 얻고, 놀라움과 같이 그것을 잃는다. 이것으로 영예와 치욕은 놀라움과 같다고 말하는 것이다>

何謂貴大患若身? 吾所以有大患者.
하 위 귀 대 환 약 신   오 소 이 유 대 환 자
<어찌하여 貴(귀)가 몸과 같이 커다란 근심이라고 말하는가? 나는 이러한 이유로 커다란 걱정거리를 갖고 있다.

爲吾有身, 及吾無身. 吾有何患?
위 오 유 신   급 오 무 신   오 유 하 환
<나를 위하여 몸을 갖고 있는 것이 내가 몸이 없는 지경에까지 이른다면, 나는 어떠한 근심을 갖고 있다고 하겠는가?>

故貴以身爲天下, 若可寄天下?
고 귀 이 신 위 천 하   약 가 기 천 하
<고로 몸처럼 천하를 귀하게 위한다면, 어찌 천하를 기탁하지 않겠는가?>

> 愛以身爲天下, 若可託天下?
> 애 이 신 위 천 하   약 가 탁 천 하
> <몸처럼 천하를 사랑한다면, 어찌 천하를 의탁하지 않겠는가?>

寵(총): 영예.

의역 영예와 치욕은 모두 사람들에게 놀라움으로 작용한다. 귀(貴)는 소중한 자신의 몸처럼 혹시 사라지지 않을까라는 두려움으로 커다란 근심걱정이 된다.

어찌하여 영광과 치욕은 사람들에게 모두 놀라움으로 작용하는 것이라고 말하는가? 예컨대 영광은 놀라움 가운데 윗자리를 차지하고, 치욕은 그 아래에 있다. 영예를 얻으면 사람들은 놀라움을 느끼고, 영예를 잃어도 놀라움을 얻게 된다. 그리하여 영예와 치욕은 모두 사람들에게 놀라움으로 다가오는 것이다.

어찌하여 귀(貴)는 자신의 몸처럼 큰 걱정거리가 되는 것인가? 귀해졌다면 나는 커다란 근심을 얻는 것과 다름이 아니기 때문이다. 소중하게 여기는 몸이 없다고 생각하는 지경에까지 이르렀다면, 내가 어찌 근심이 있다고 하겠는가?

따라서 천하를 자신의 소중한 몸과 같이 귀하게 여긴다면, 세상 사람들이 그런 사람에게 천하를 맡기지 않겠는가? 또한 자신의 소중한 몸처럼 세상을 사랑한다면, 사람들은 그러한 사람에게 천하를 의탁하지 않겠는가?

[해석] 이 장에서 노자는 영욕을 귀한 몸에 비유한다. 천하를 자신의 몸과 같이 귀하게 여기는 성인의 덕이 천하를 의탁할 만큼 크다는 의미에서, 성인의 적덕과 천하의 의탁간의 관계에 대해 설명하고 있다.

노자는 자신이 소중하게 여기는 몸이 귀하지 않는 것으로 생각하고, 또한 자신의 소중한 몸처럼 세상을 귀하게 여기고 사랑한다면, 세상이 그러한 사람에게 천하를 의탁하게 된다고 말한다.

이러한 논리는 도덕경 전체에 거대한 저류를 형성한다. 인간은 부귀영화를 전력을 다해 추구한다. 그러나 이러한 부귀(富貴)는 천하를 자신의 몸처럼 돌보고 세상의 공익을 위해 헌신해야만 그 덕으로 얻을 수 있는 것으로 강조한다.

공익을 위한 적덕으로 인해 자미원 음덕혈에 있는 자신의 영혼에 각종 길한 구성이 유입되면서 부귀 유전자 형질이 발현될 수 있는 것으로 말하고 있다. 반대로 욕심으로 부귀를 쫓아 간다면, 이것은 흉한 구성의 작용을 초래하여 곧바로 치욕으로 연결된다고 보고 있다.

부귀를 쫓아가면 얻을 수 없고, 부귀 추구를 버리고 공익에 봉사하면 오히려 부귀를 획득하는 역설적 상황이 발생하게 되는 셈이다. 덜어내어서 덕을 쌓아야 필요 유전자 형질이 발현된다. 부귀 유전자는 세상을 위한 공익적 봉사와 헌신을 통하여 음덕혈에서 발현 기반이 만들어지기 때문이다.

제51장 백성 기운과 성인의 통치 기운 (49)

聖人無常心, 以百姓心爲心.
성인무상심 이백성심위심

<성인은 동일한 마음이 없다. 백성들 마음을 자신 마음으로 삼기 때문이다>

善者吾善之, 不善者吾亦善之. 德善.
선자오선지 불선자오역선지   덕선

<선한 사람에게 나는 선하게 대한다. 선하지 않는 사람에게도 역시 나는 선하게 대한다. 선이 덕으로 변한 셈이다>

信者吾信之, 不信者吾亦信之. 德信.
신자오신지 불신자오역신지   덕신

<신의를 지닌 사람에게 나는 신의로 대한다. 신의가 없는 사람에게도 또한 신의로 대한다. 신의가 덕으로 변한 경우이다>

聖人在天下, 翕翕焉, 爲天下, 渾其心.
성인재천하 흡흡언 위천하 혼기심

<성인은 천하(혈)에서 (기운을) 합한다. 천하를 위해 (자신 기운과) 백성 기운을 섞는다>

百姓皆注其耳目, 聖人皆孩之.
백성개주기이목   성인개해지

<백성들은 모두 (성인에게) 이목을 집중한다. 성인은 모두 (백성을) 어린아이로 만든다>

翕(흡): 합하다. 화합하다.
渾(혼): 뒤섞다.

6. 도(道)와 성인(聖人) 207

의역 성인은 항상 자신만의 고유한 마음을 지니고 있지 않다. 백성들의 마음을 자신의 마음으로 삼기 때문이다.

나는 착한 사람을 선하게 대하고, 착하지 않는 사람도 역시 선하게 대한다. 이런 경우가 선(善)을 베풀어서 덕(德)이 증대되게 하는 경우이다.

나는 신의가 있는 사람에게 믿음을 가지고 대한다. 신의가 없는 사람에게도 신의를 가지고 대한다. 이런 경우를 신의가 덕(德)으로 변화되었다고 말한다.

성인은 천하 혈에서 기운을 합한다. 그리하여 천하혈 자체 기운과 백성들의 기운에 자신의 기운을 섞어서 통치를 위한 기운을 만들어낸다.

그리하여 백성들은 모두 천하를 다스릴 수 있는 기운을 지닌 성인에게 이목을 집중한다.

이러한 기운을 가지고 성인은 모든 백성들을 순박한 기운을 지닌 어린아이로 만든다.

해석 이 장에서 노자는 백성들의 기운과 혼합되는 성인의 통치 기운 생성 방식에 대하여 논하고 있다.

성인은 신의나 선의를 갖고 사람을 대함으로써 덕을 쌓는다. 이러한 덕행을 통해 음덕혈에 세상을 다스릴 정도의 덕이 축적되면, 신(神)은 천하혈에 성인의 영혼을 기거하게 만들면서 성인은 천하혈을 얻게 된다.

성인의 적덕으로 획득한 천하혈에는 또한 백성들의 혼(魂)도 들어와 있다. 이 혈에서 성인의 기운, 혈 자체 기운, 백성들의 기운 등이 서로 혼합되고, 이 혼합된 기운이 다시 백성들에게 배포된다. 이러한 과정을 통하여 백성들은 성인의 말씀을 따르게 되고, 성인은 백성들을 사욕보다는 공익을 우선시하는 순박한 기운의 소지자로 변화시킨다. 이로써 편안한 세상이 만들어지는 것이다.

이 장에서는 성인이 세상을 다스리는 순박한 물질을 만들고 백성을 순화시키는 과정을 상세하게 설명하고 있다. 통치 물질로서 순박한 기운은 길한 구성 기운으로 만들어졌기 때문에 백성들은 이 통치 물질로 인하여 순화된다고 암묵적으로 말하고 있는 것이다. 일반인들이 전혀 상상할 수 없는 엄청난 우주섭리의 비밀을 풀어 설명하고 있는 것이다.

제52장 흉신과 성인의 적덕 (60)

治大國, 若烹小鮮.
치 대 국   약 팽 소 선
<대국을 다스리는 것은 작은 생선을 요리하는 것과 같다>

以道莅天下, 其鬼不神. 非其鬼不神, 其神不傷人.
이 도 리 천 하   기 귀 불 신   비 기 귀 불 신   기 신 불 상 인
<도로서 천하에 임하면, 그 귀신은 신이 아니다. 그 귀신이 반드시 신이 아니라면, 그 귀신은 사람을 상하게 하지 않는다>

非其神不傷人, 聖人亦不傷人.
비 기 신 불 상 인   성 인 역 불 상 인
<그 귀신이 반드시 사람을 상하게 하지 않는다면, 성인 역시 사람을 상하게 하지 않는다>

夫兩不相傷, 故德交歸焉.
부 양 불 상 상   고 덕 교 귀 언
<무릇 서로 상하게 하지 않기 때문에 덕이 오가면서 (백성들에게) 돌아간다>

莅(리): 임하다.   非(비): 반드시, 꼭. 강조하는 의미로 사용.

의역   커다란 나라를 다스리는 것은 작은 생선16)을 요리하는 것과 같이 조심스럽다. 道로서 천하에 임하면, 천하 각종

---

16) 소선(小鮮)에서 작다는 의미는 혈의 크기가 작다는 것을 은유하고 있는 말이다. 작은 생선을 요리한다는 말은 조심스럽다는 것의 의미를 지닌 것으로 이해할 수 있다.

혈에 작용하는 흉신은 신의 묘용을 갖지 못하는 잡귀에 불과하게 된다. 천하 혈에 길한 기운이 작용하고 성인이 도의 원리에 맞는 무위의 통치를 한다면, 혈에 작용하려는 흉신은 반드시 남을 해치려는 신의 묘용을 갖지 못한다.

흉신이 사람을 상하게 하지 못한다면, 성인도 흉신의 미작용으로 천하 혈의 흉기를 받지 않아서 마찬가지로 백성을 상하게 하지 않는다.

무릇 흉신이나 성인 모두 사람을 상하게 하지 않는다. 따라서 성인의 덕으로 혈에 흉신이 아니라 길신이 작용하면서 성인의 큰 덕이 서로 오가면서 백성들에게 돌아간다.

해석 이 장에서 노자는 우주 원리로서 정기신(精氣神) 삼자와 덕(德)과의 상관관계에 대해 논하면서 성인의 두터운 덕성이 흉신도 쫓아낸다고 설파하고 있다.

특정 유전자 형질이 발현되기 위해서는 이래와 같은 과정이 필요하다. 천혈에 운기가 들어오면서 RNA 중합효소가 히스톤 단백질에 감겨져 있는 DNA 염기를 푼다<정(精)의 작동과정>. 전사가 진행되면서 전령 RNA가 생성된다<기(氣)의 작동과정>. 마지막으로 리보솜에서 단백질이 합성된다<신(神)의 작동과정>. 이 경우 리보솜에서 단백질 합성을 주관하는 것이 바로 神들의 기운에 의해 진행되는 것이다.

이 경우 혈 내부에 흉기가 있으면 흉신(凶神)이 작용하고 생기가 있으면 선신(善神)이 작용한다. 따라서 천하혈을 생기로 유지하기 위해서는 겸양, 청정한 마음자세 등은 물론, 음덕혈의 좋은 기운 유지를 위한 적덕이 필수적으로 요구된다.

따라서 적정한 마음자세와 두터운 적덕으로 성인은 음덕혈과 면역혈의 작용을 높이기 때문에 천하혈 안에 나쁜 기운을 없게 한다. 이로써 천하혈에서 흉신이 신으로 묘용을 부릴 수 없게 된다. 따라서 혈안에서 만들어진 물질은 유해 물질이 아니라 유익한 물질이다. 이 때문에 혈에 생성된 유익한 물질로 성인도 상하지 않고, 성인을 통해 좋은 물질을 공급 받는 백성들도 상해를 입지 않고 편안하다는 의미이다.

이 장에서 노자는 정기신(精氣神) 삼자에 대한 암묵적 설정을 기반으로 적덕이 흉신(凶神)의 작용력을 약화시키고 선신(善神)의 작용력을 증가시킨다고 말한다. 이러한 의미에서 국가를 다스린다는 것은 神의 작용까지도 감안해야 할 정도로 조심스러운 일로서 성인의 덕(德)은 흉신까지도 구축(驅逐)한다고 피력하고 있는 것이다.

구성의 관점에서 본다면, 선신(善神)은 탐랑, 거문, 무곡, 보필 등의 길한 구성 기운에서 작용하고 있는 반면, 흉신(凶神)은 녹존, 문곡, 염정, 파군 등의 흉한 구성 기운에서 작동한다. 따라서 선신은 생기가 있는 혈에 존재하고, 흉신은 흉기가 있는 혈에 존재한다. 더욱이 사람들이 선한 일을 한다면, 항상 선신이 작동하는 반면, 남을 해할 목적으로 흉한 일을 도모한다면 흉신이 작동한다. 궁극적으로 다름 아닌 사람들의 마음자세와 행위가 선신과 흉신을 불러들이게 되어 있다고 볼 수 있다.

제53장 천도(天道)와 성인의 덕성(德性) (79)

和大怨, 必有餘怨. 安可以爲善?
화 대 원 필 유 여 원 안 가 이 위 선

<커다란 원한은 화해해도 반드시 원한이 남게 된다. 어떻게 선하게 만들 수 있겠는가?>

是以聖人執左契, 而不責於人.
시 이 성 인 집 좌 계 이 불 책 어 인

<이러한 까닭에 성인은 왼편 계약서를 갖고 있어도 사람에게 책임을 묻지 않는다>

有德司契, 無德司徹.
유 덕 사 계 무 덕 사 철

<덕이 있으면 계약을 관리하고, 덕이 없는 사람은 계약 철회를 관장한다>

天道無親, 常與善人.
천 도 무 친 상 여 선 인

<하늘의 도는 친함이 없고, 항상 (덕이 있는) 사람들에게 선한 것을 베푼다>

司(사): 맡다. 관리하다.

의역 불구대천 원수와 화해를 해도 반드시 원한이 남게 된다. 어떻게 이것을 좋게 만들 수 있는가?

성인은 한쪽 편 계약서를 가지고 있지만, 채무자에게 책임을 묻지 않는다. 덕이 있는 사람은 계약을 잘 이행되도록 관리하는 반면, 덕이 없는 사람은 계약을 종식시킨다.

하늘의 도는 친소(親疏)관계에 의해 움직이지 않고 항상 덕이 있는 사람들에게 선한 것을 베푼다.

해석 노자는 이 장에서 사람과의 관계에 있어서 천도(天道)의 원리를 따라서 덕(德)으로 대하라는 교훈을 주고 있다.

예컨대 계약을 불이행하여 원수가 될 수 있는 채무자도 덕으로 대하라고 말한다. 이렇게 하면 원수가 될 수 있는 사람도 원수가 되지 않는다.

이러한 덕행이 우주 음덕혈에서 자신의 필요기운 증가를 가져오고, 반대로 패덕은 패덕혈의 기운 증가를 초래한다는 것은 천도(天道)의 작동원리이기 때문이다. 음덕혈 기운이 모든 것을 생하기 때문에 적덕 행위가 모든 덕목의 으뜸이 되는 것이다.

이러한 내용은 천도(天道)는 친소관계가 아니라 적덕을 쌓는 사람들에게 항상 좋은 것을 준다는 문구로 표현되고 있다. 결론적으로 적선·적덕 행위는 道에 흐르는 길한 구성을 추동하고, 패덕행위는 흉한 구성 작동을 야기하여 친구와 원수 관계를 맺는다는 점이다.

6.2. 성인의 천문지리 능력과 혈(穴) 작동 개선

제54장 도(道)와 천문지리 (15)

古之善爲道者, 微妙玄通, 深不可識.
고지선위도자 미묘현통 심불가식
<옛날에 도를 잘 이룬 사람은 묘하게 우주와 통하여 그 깊이를 인식할 수 없었다>

夫唯不可識, 故强爲之容.
부유불가식 고강위지용
<무릇 오로지 인식할 수 없지만, 억지로 표현한다면,>

豫兮! 若冬涉川.
예혜   약동섭천
<대비하는구나! 겨울에 냇물을 건너는 것 같다>

猶兮! 若畏四隣.
유혜   약외사린
<방도가 있구나! 사방 주변나라가 두려워하는 듯하다>

儼兮! 其若客.
엄혜   기약객
<정중하구나! 백성들을 손님처럼 대우한다>

渙兮! 若氷之將釋.
환혜   약빙지장석
<해결하는구나! 얼음이 장차 녹아 없어지는 듯하다>

敦兮! 其若樸,
돈혜   기약박

<두텁구나! 기운이 소박한 것 같다>

曠兮! 其若谷,
광혜　기 약 곡

<밝구나! 혈이 계곡에 있는 듯하다>

混兮! 其若濁.
혼혜　기 약 탁

<섞는구나! 기운이 윤택해지는 듯하다>

孰能濁以靜之徐淸? 孰能安以動之徐生?
숙 능 탁 이 정 지 서 청　숙 능 안 이 동 지 서 생

<누가 흐린 것을 고요하게 함으로써 천천히 맑게 할 수 있겠는가? 누가 조용한 것을 움직이게 함으로써 천천히 (다른 것을) 생하겠는가?>

保此道者不欲盈, 夫唯不盈, 故能蔽而新成.
보 차 도 자 불 욕 영　부 유 불 영　고 능 폐 이 신 성

<이 도를 지닌 사람은 (혈 기운을) 채우고자 하지 않는다. 무릇 단지 채우지 않음으로써 나누어줄 수 있고 새로운 기운을 만든다>

儼(엄): 정중하다.　　　猶(유): 꾀, 방법.
蔽(폐): 나누어주다.

의역 옛날에 道를 체득한 자는 우주와 통한 것이 그 깊이를 헤아릴 수 없었다. 무릇 그 깊이를 인식할 수 없지만, 억지로 그 형상을 표현한다면 다음과 같다.

■ 겨울에 냇물을 건너는 것처럼 미래 대비를 한다.

- 방책 수립으로 주변 국가들이 두려워한다.
- 백성들을 손님처럼 정중하고 의젓하게 대한다.
- 매사를 얼음이 녹는 것처럼 잘 풀리게 한다.
- 기운의 순박성이 매우 두텁다.
- 혈이 둘러싸인 골짜기에 있는 것처럼 넓고 환하다.
- 통치자 기운을 백성들 기운과 섞어서 하나의 기운으로 만든다.

과연 누가 탁한 혈을 고요하고 점차 맑게 만들 수 있겠는가? 누가 조용하게 잠자고 있는 혈을 지속적으로 움직이게 하여 서서히 다른 것에게 생기를 줄 수 있겠는가?

이러한 도를 지닌 사람은 혈 기운을 가득 채우지 않는다. 무릇 단지 기운을 가득 채우지 않고 순환시키기 때문에 능히 기운을 나눠줄 수 있고 다시 새로운 기운을 생성한다.

해석 이 장에서 노자는 도를 통한 사람의 능력에 대해 설명하고 있다. 이 사람은 미래에 대한 대비는 물론, 주변 국가에 대한 외교안보적 준비를 잘한다고 평가한다. 또한 이 사람은 매사를 수월하게 풀리게 만들고, 인성도 순박하고 그릇도 크다고 말한다. 더욱이 기운을 잘 섞어서 백성을 다스리는 기운을 만든다고 말한다,

더욱이 道를 체득한 사람들은 여러 가지 방법으로 제반 혈의 작동력을 개선함으로써 혈의 혼탁한 기운을 맑게 만들고, 잠자고 있는 혈들도 활발하게 작동시키는 능력도 보유하고 있는 것으로 판단한다. 이를 통해서 미래에 대한 대비, 외교안보

적 방책 마련, 일의 순조로운 성사 등을 이루게 한다.

이러한 사람들의 특징은 좋은 기운을 가득 채우지 않고 타인들에게 배분함으로써 다시 새로운 기운을 생성하게 한다. 이것은 모두 우주에 존재하는 혈이 그런 방식으로 작동하기 때문이다. 얻으려는 강한 욕심은 흉한 구성을 도·혈에 흐르게 만드는 반면, 자기 것을 덜어내어 남을 도우려는 덕행은 길한 구성을 흐르게 한다. 따라서 많이 소유하려는 욕구는 도·혈에 흉한 구성 기운을 흐르게 만들면서 관계자들에게 흉사(凶事)를 일으킨다.

따라서 이 장에서 강조하고 있는 것은 사람들의 마음자세와 행위가 무릇 본인 각종 혈의 작동방식을 상당 정도 규정한다는 점이다. 자신의 것을 나누어 주어야 외부 혈들도 잘 작동할 수 있다는 것이다. 반대로 나누어주지 않으면 각종 본인 혈 기운이 가득 차게 되면서 기능을 멈추고, 급기야는 흉한 구성의 작용으로 흉기까지도 만든다는 사실이다.

따라서 이 장이 주는 교훈은 우주 혈이 작동하는 방식대로 행위를 하면 형용할 수 없는 능력을 지닌다는 것이다. 이 측면에서 살펴보면 다른 사람들과 나누는 덕(德)은 길한 구성의 작용으로 혈의 작동력을 증대시키면서 일의 성취도를 높인다는 것이다. 또한 적덕, 겸양, 청정한 마음자세 등은 순박한 기운, 큰 그릇 등의 형성을 가져온다. 이러한 무위를 통해 바로 이러한 천문지리 능력까지도 지닌 사람이 바로 성인이다.

제55장 높은 적덕과 성인의 천문지리 능력 (27)

善行無轍迹, 善言無瑕謫.
선 행 무 철 적   선 언 무 하 적

<선행은 자국을 남기지 않고, 좋은 설명은 허물과 과실이 없다>

善數不用籌策. 善閉無關楗, 而不可開.
선 수 불 용 주 책   선 폐 무 관 건   이 불 가 개

<훌륭한 숫자는 주산을 사용하지 않는다. 잘 잠그면 문빗장으로 닫지 않아도 열 수 없다>

善結無繩約, 而不可解.
선 결 무 승 약   이 불 가 해

<잘 꼬결된 것은 끈으로 묶지 않아도 풀 수 없다>

是以聖人常善求人, 故無棄人.
시 이 성 인 상 선 구 인   고 무 기 인

<이 까닭으로 성인은 늘 사람을 잘 구하여 사람을 버리지 않는다>

常善求物, 故無棄物.
상 선 구 물   고 무 기 물

<항상 물건도 잘 구하기 때문에 물건을 버리지 않는다>

是謂襲明.
시 위 습 명

<이것을 거듭 쌓여 익힌 밝음(襲明)이라고 부른다>

故善人者, 不善人之師,
고 선 인 자   불 선 인 지 사

<고로 착한 사람은 착하지 않는 사람의 스승이 된다>

6. 도(道)와 성인(聖人) 219

不善人者, 善人之資.
불선인자 선인지자
<착하지 않는 사람도 착한 사람의 자질을 지니고 있다>

不貴其師, 不愛其資, 雖智大迷.
불귀기사 불애기자 수지대미
<그 스승을 귀하게 생각하지 않고 그 자질을 사랑하지 않는다면, 다만 일반 지혜로는 크게 혼미하게 될 뿐이다>

是謂要妙.
시위요묘
<이것은 묘함을 요구하는 것이라고 일컫는다>

楗(건): 문빗장.
約(약): 묶다.
雖(수): 오직, 다만.

의역 선행은 궤적을 남기지 않는다. 우주 원리에 대한 좋은 설명은 하자가 없다. 천문지리 현공대괘의 훌륭한 수(數)는 주산을 사용하지 않는다. 풍수 수구의 문을 잘 막으면 문빗장이 없어도 열 수 없다. 잘 엮여진 혈의 훌륭한 매듭은 묶은 줄이 없어도 풀 수 없다.

성인은 항상 적재적소에 필요한 사람을 잘 구하고 쓴 사람을 버리지 않는다. 항상 필요한 물건을 잘 구하고 구한 물건을 버리지 않는다. 이러한 것을 일컬어 거듭 쌓여서 습득한 습명(襲明)이라고 부른다.

따라서 착한 사람은 착하지 않는 사람의 스승이 되고, 현재 착하지 않는 사람도 나중에 착한 사람이 될 수 있는 자질을 가질 수 있는 사람이다.

사람들이 선행으로 각종 능력을 습득한 스승을 귀하게 여기지 않고 적선이 부족한 사람의 이러한 자질을 사랑하지 않는다면, 우주 원리를 모르는 지혜로는 크게 혼미한 상태에 이르게 된다.

이것은 정말 묘함을 요구하는 일이다.

해석 이 장에서 노자는 적선과 덕행을 통해 천문지리 능력을 함양할 수 있음을 피력하고, 이러한 덕행으로 인한 높은 능력을 소지한 사람이 바로 성인이라고 설파하고 있다.

적선과 적덕은 각종 유전자 형질 발현을 도모하기 위한 토대로 작용한다. 적선과 적덕이 있으면 천문지리를 관장하는 유전자 형질까지도 발현시켜서 세상의 각종 일을 능숙하게 처리하는 능력이 함양된다. 이러한 적덕과 천문지리 능력 등의 두 가지를 갖춘 사람이 바로 성인이다.

이 장에서 나오는 선수(善數), 선폐(善閉), 선결(善結) 등은 천문지리 이론에서 나오는 현공대괘 천수(天數)·지수(地數)·천지수(天地數), 풍수 수구사의 교결 원리 등을 의미하는 용어이다. 이 천문지리 원리에 밝으면 인간 유전자 형질 발현에 도움을 주는 천하혈을 잘 작동하도록 개선하고, 나쁜 터도 좋은 명당으로 쉽게 바꿀 수 있다. 성인은 높은 덕을 기반으로 천문지리에 능통하여 오래 축적된 밝음을 기반으로 사람을 적재적소에 배치하고 사용가치가 높은 물건을 잘 구한다.

이 장에서 노자는 세상을 살아가는 얄팍한 지식보다는 적선과 적덕만이 유전자 형질 발현을 돕기 때문에 사람들에게도 오로지 덕행으로 삶을 영위할 것을 요구하고 있는 것이다. 다만 적선이 부족한 사람도 향후 적선을 통해 부족한 유전자 기운을 보충하여 필요 유전자 형질을 발현시킬 수 있다. 따라서 일반인들도 천문지리 능력까지도 포괄하는 출중한 능력의 자질을 소유하고 있는 것으로 평가한다.

특히 선하지 않는 사람도 자질을 지니고 있다고 한 것은 윤회의 횟수가 적어서 적덕 기회가 많지 않았기 때문에 유전자 형질 발현 가능성이 약한 것으로 판단한 것이다. 이러한 사람들도 향후 윤회의 과정이 거듭되면, 두터운 적덕을 통해 세상에 기여할 수 있고, 우주 진화·발전에도 역할을 할 수 있다. 따라서 착하지 않는 사람들의 자질도 사랑해서 잘 인도해주는 것이 중요하다. 이러한 것은 일반 지식으로는 파악할 수 없어서 혼미한 상태에 이른다고 말하고 있다.

제56장 재난 방지 목적의 혈 작동 개선 (64)

其安易持, 其未兆易謀.
기 안 이 지   기 미 조 이 모
<그것이 편안할 때 유지하기가 쉽고, 그것의 조짐이 나타나지 않을 때 도모하기기 쉽다>

其脆易泮, 其微易散.
기 취 이 반   기 미 이 산
<그 무른 것은 쉽게 녹아버리고, 그 작은 것은 쉽게 흩어진다>

爲之於未有, 治之於未亂.
위 지 어 미 유   치 지 어 미 란
<나쁜 일이 생기기 전에 일을 도모하고, 난이 생기기 전에 세상을 다스려라>

合抱之木, 生於毫末.
합 포 지 목   생 어 호 말
<한 아름되는 나무도 미세한 끝에서 기운을 받는다>

九層之臺, 起於累土.
구 층 지 대   기 어 누 토
<구층 누대도 다져진 땅 위에 올라서 있다>

千里之行, 始於足下.
천 리 지 행   시 어 족 하
<천리 길도 한걸음에서 시작된다>

爲者敗之, 執者失之.
위 자 패 지   집 자 실 지
<행하는 사람은 실패하고 잡으려는 사람은 잃게 된다>

是以聖人無爲, 故無敗, 無執, 故無失.
시 이 성 인 무 위   고 무 패   무 집   고 무 실
<이 까닭에 성인은 무위로 행하므로 패하지 않고, 잡으려고 하지 않기 때문에 잃지 않는다>

民之從事, 常於幾成而敗之. 愼終如始則無敗事.
민 지 종 사   상 어 기 성 이 패 지   신 종 여 시 즉 무 패 사
<백성들이 종사하는 일은 항상 얼마 정도를 이루다가 실패하게 된다. 처음부터 끝까지 신중하게 하면 실패하는 일이 없다>

是以聖人欲不欲, 不貴難得之貨.
시 이 성 인 욕 불 욕   불 귀 난 득 지 화
<이 까닭에 성인은 욕심 없음을 원하고, 어렵게 얻은 재화를 귀하게 여기지 않는다>

學不學, 復衆人之所過,
학 불 학   복 중 인 지 소 과
<학문이 아닌 것을 연구하고, 많은 사람들이 과실을 범하게 만드는 것을 복구한다.>

以輔萬物之自然, 而不敢爲.
이 보 만 물 지 자 연   이 불 감 위
<그로써 만물이 지닌 자연(自)을 보완하지만, 무리하게 하지 않는다>

脆(취): 무르다. 약하다.   泮(반): 녹아내리다.

의역   어떤 것이 편안할 때는 모든 것을 유지하기가 쉽다. 조짐이 나타나기 전에는 대책을 세우기가 쉽다. 무른 것은 나쁜 운이 도래하면 쉽게 깨지기가 쉽고, 미약한 것은 흐트러지

기 쉽다. 흉사가 발생하기 전에 대책을 강구하고, 난이 발생하기 전에 그것을 다스려라.

한 아름되는 나무도 작은 끝으로부터 기운을 얻고, 구층의 누각도 쌓은 땅위에 올라 서 있다. 천리 길도 한걸음으로부터 시작된다.

유위(有爲)를 행하는 사람은 나쁜 구성 기운과 구성 기운 부족으로 인해 패하게 되고, 얻으려고 집착하는 사람 역시 같은 이유로 그것을 얻지 못한다. 그리하여 성인은 자연의 순리에 맞는 무위를 행하므로 훌륭한 혈의 작용으로 패하지 않고, 집착하지 않기 때문에 잃을 것이 없다.

백성들이 일을 함에 있어서 어느 정도 진행되다가 혈 기운 부족 때문에 결국 실패하게 된다. 그러나 성인은 혈 기운을 관리할 능력이 있기 때문에 처음부터 마지막까지 신중하게 행하여 실패하는 일이 없다.

따라서 성인은 욕심이 없는 상태를 원하고, 얻기 어려운 재화를 귀하게 여기지 않는 덕으로, 학문으로 여기지 않는 천문지리를 궁구한다. 이로써 대부분의 사람들이 범하는 과실을 되풀이 되지 않도록 본인 혈은 물론, 세상 혈들을 보완한다. 만물이 의지하는 자연 혈을 작동이 잘되게 보완하지만, 자연 법칙에 어긋나는 감위(敢爲)를 행하지 않는다.

해석 이 장에서는 흉운 또는 기운 부족으로 인한 재난의 방지책으로서 혈 작동의 개선을 논하고 있다. 흉운(凶運)이나 구성 기운이 부족하게 되면 흉사(凶事)가 발생하거나 추진하는 일이 실패하기 때문에 해당 관계 혈 작동 문제를 개선하라는 주문이다.

혈 기운이 부족하거나 흉운일 경우 주성을 파극하는 극 흉기, 부성을 파극하는 흉기, 보조성을 파괴하는 탁기 천문이 혈안으로 들어온다. 이 나쁜 기운이 들어오면, 오염된 물질이 만들어지거나 생성된 물질이 부족할 수 있다. 이 경우 일의 성사에서 크고 작은 문제가 발생하고, 국가 차원에서도 크고 작은 혼란이 일어날 수도 있다.

여기에서 흉기나 기운 부족으로 인한 어려움이 생기기 전에 미리 대처하라는 주문은 보완책을 강구함으로써 혈이 가지고 있는 문제점을 해소하라는 것이다.

특히 강조하고 있는 것은 보조성 기운 영역으로서 미세한 기운도 파극되지 않도록 혈 기운을 보완하라는 주문이다. 이러한 의미에서 커다란 나무도 미세한 작은 기운을 받고 큰 집도 땅위에 지어져 있다고 말하고 있는 것이다.

그리하여 작은 보조성 기운의 부족으로 사람들이 일을 성사시키지 못하는 경우가 종종 발생한다. 이것은 일반인들을 관장하는 혈이 충분하지 않게 작동하기 때문이다. 반면, 성인의 제반 혈은 두터운 적덕 덕분으로 보조성 기운도 넉넉하게 들어온다. 이러한 도와 혈 역량 차이가 일의 성패에 지대한 영향을 준다고 암묵적으로 언급하고 있다.

물론 이러한 것이 일반인에게는 불가능하지만, 우주의 원리와 도의 법칙을 알고 무위를 행하는 성인은 천문지리 능력을 얻어서 본인 혈은 물론, 국가 혈이 완전하게 작동되도록 보완할 수 있다. 그로써 앞으로 닥칠 재앙이나 일의 실패를 방지할 수 있다고 말하고 있다. 또한 천하혈 문제점을 개선함으로써 천하혈과 연결된 일반인 혈의 보조성이 잘 작동하도록 개선할 수도 있다.

제57장 성인의 천문지리 능력과 가르침 (47)

不出戶, 知天下. 不窺牖, 見天道.
불출호 지천하 불규유 견천도
<집문 밖을 나가지 않아도 천하를 안다. 창문으로 엿보지 않아도 천도를 안다>

其出彌遠, 其知彌少.
기출미원 기지미소
<일반인들은 나가서 멀리 갈수록, 아는 것이 점점 적어진다>

是以聖人不行而知, 不見而名, 不爲而成.
시이성인불행이지 불견이명 불위이성
<이 까닭에 성인은 행하지 않아도 알고, 보지 않아도 형용할 수 있고, 하지 않아도 이루어진다>

牖(유): 들창.
彌(미): 점차.

의역 천문지리 원리에 능통하면 집밖에 나가지 않아도 세상의 상황을 알고, 창문으로 외부를 보지 않아도 하늘의 동정을 본다. 그러나 일반인들은 멀리 나가도, 점차 적은 것만을 알게 된다.

성인은 우주의 원리를 알기 때문에 행하지 않아도 일의 성패를 파악한다. 이러한 성인은 어떤 것을 보지 않아도 형용할 수 있다. 출중한 천문지리 능력으로 도의 원리를 알기 때문에 매사를 무위로 이룰 수 있다.

해 석   이 장에서 노자는 '성인은 뛰어난 천문지리 능력으로 천도를 이해하게 되면서 겸손하고 청정한 마음, 덜어내는 적덕 등의 무위의 행위를 통해 모든 일을 이룬다'는 점을 피력하고 있다.

이에 비해 도의 원리를 모르는 일반인들은 조급하고 과도한 욕심으로 일을 도모하는 유위(有爲)의 행위로 인해 추진하는 일을 성취하기 어렵다.

이 장은 무위, 지식의 해로움 등의 논지는 인위적으로 설계된 것이 아니라 가만히 있으면서도 천도를 읽고 미래까지도 예측하는 천문지리 능력으로 포착한 지리라는 점을 강조하고 있다. 덜어내는 적덕, 청정하고 겸손한 마음자세, 지족(知足) 등의 무위는 도와 혈의 작용원리와 인간의 마음, 자세, 행위 등이 일치해야 일을 성취할 수 있다는 것을 천문지리라는 학문을 통해 밝힌 것이다.

6.3. 성인의 태도와 치세

제58장 치세를 위한 성인의 자세 (3)

不尙賢, 使民不爭.
불 상 현   사 민 부 쟁
<성인 스스로 현명함을 숭상하지 않으면, 백성들은 서로 다투지 않게 된다>

不貴難得之貨, 使民不爲盜.
불 귀 난 득 지 화   사 민 불 위 도
<어렵게 얻는 재화를 귀하게 여기지 않으면, 백성들을 도둑이 되지 않게 한다>

不見可欲, 使民心不亂.
불 견 가 욕   사 민 심 불 란
<욕심을 낼 수 있는 것을 보지 않으면, 백성들의 마음을 어지럽게 만들지 않는다>

是以聖人之治,
시 이 성 인 지 치
<다음과 같은 자세로서 성인은 (백성을) 다스린다>

虛其心, 實其腹, 弱其志, 强其骨.
허 기 심   실 기 복   약 기 지   강 기 골
<(성인은) 마음을 비우고, 기본욕구를 채우고, 하려는 의지를 약화하고, 그 근본을 강화한다>

常使民無知無欲. 使夫智者不敢爲也.
상 사 민 무 지 무 욕   사 부 지 자 불 감 위 야

<(그럼으로써) 항상 백성들로 하여금 지식을 없게 하고 욕심도 없게 한다. 무릇 얕은 지혜를 지닌 사람들이 과도한 행위를 하지 못하게 한다>

爲無爲則無不治.
위 무 위 즉 무 불 치
<무위를 행하면, 다스리지 못하는 것이 없다>

의역 성인 스스로 개인적 이익만을 추구하는 현명함을 숭상하지 않으면, 백성들은 서로 다투지 않는다. 또한 보석 등과 같이 얻기 어려운 재화를 귀하게 여기지 않으면, 백성들이 도둑이 되지 않는다. 욕심 낼만한 것을 보지 않으면, 백성들 마음이 산란하지 않게 된다.

치세를 위한 자세로서 성인은 스스로 과도한 욕심을 없게 하고, 실질적으로 필요한 욕구만을 채우고, 욕심으로 무엇을 하겠다는 의지를 약하게 하며, 실질적으로 해야 할 덕목으로서 정신 수양, 적덕 등의 기본 골격을 강하게 한다. 이렇게 함으로써 항상 백성들이 온갖 방법으로 자신의 목표를 이루려는 지식을 없도록 하고, 욕심도 없게 만든다. 온갖 수단으로 일을 도모하려는 지혜로 무모한 행위도 하지 못하게 한다

성인(聖人)은 자연적 행위로서 무위(無爲)를 행하면 다스리지 못하는 것이 없다.

해석 도덕경 이 장에서는 치세를 위하여 성인이 갖추어야

할 태도와 자세를 거론하고 있다. 이러한 무위의 자세를 가지기 때문에 백성들도 지식과 욕심이 없게 된다고 설파한다. 이와 같은 성인의 치세가 가능한 것은 성인의 마음자세, 행위 등이 사치와 허영심 없는 기본 욕구 충족에 머물고, 덕행, 겸손 등의 행위로 천문 길성(吉星)이 작용하는 무위의 자세를 지니고 있기 때문이다.

통치자가 개인적 사익 추구 행위를 하지 않고, 사치스럽고 호화로운 물품을 귀하게 여기지 않고, 욕심낼만한 것을 중요하지 않게 여기면, 국민들이 과욕으로 마음이 어지럽지 않고 서로 싸우지 않게 된다고 말한다. 이것은 통치자의 마음자세와 행위는 국가혈에 들어와 있는 백성들 혼(魂)에게 기운 전달이 됨으로써, 백성들의 마음자세와 행위가 통치자의 마음자세와 행위가 유사한 형태로 바뀌기 때문이다.

성인의 치세를 위한 자세는 스스로 물질을 향한 과도한 욕심을 없게 하고 실질적인 욕구를 충족시키면서 덕행이라는 근본을 강조한다. 한편, 덕행 없이 욕심에 의한 행위는 실현이 불가능하므로 이것을 자제시킬 것을 피력하고 있다. 이것은 기본적으로 성인 자체가 과욕 자제, 기본 욕구 충족, 덕행 등을 먼저 행함으로써 백성들도 동일한 자세를 갖게 하기 때문에 가능한 일이다.

이 장에서는 통치를 위해서는 법 제정이나 정책 추진으로 백성들에게 어떠한 자세나 행위를 요구하는 것이 아니다. 먼저 통치자가 사치, 허영, 과도한 욕심 등을 버리고 기본욕구 충족 등 순박한 생활 태도를 유지하면서 매사를 얕은 지혜로 정치를 하지 않을 것을 요구한다. 그 다음에 백성들에게 과도한 욕심을 갖지 않도록 하면서 얕은 지혜로 무모한 일을 도모하지 않도록 요구한다. 이것은 앞에서 상술하였지만, 천하혈에서 통치 산알을 생성하는 원리에 의거하여 주문하고 있는 것이다.

제59장 성인의 치세 자세: 무위·수양·무욕 (57)

以正治國, 以奇用兵, 以無事取天下.
이 정 치 국   이 기 용 병   이 무 사 취 천 하
<바르게 나라를 다스리고, 기이하게 용병을 하고, 무위로서 일을 처리함으로써 천하를 취한다>

吾何以知其然哉? 以此.
오 하 이 지 기 연 재   이 차
<나는 어찌하여 그것이 그러한 줄 아는가? 이것으로써>

天下多忌諱, 而民彌貧.
천 하 다 기 휘   이 민 미 빈
<천하에 많은 금기가 있으면, 백성들은 더욱 가난해진다>

民多利器, 國家滋昏.
민 다 이 기   국 가 자 혼
<백성들에게 많은 이로운 수단이 있으면, 국가는 더욱 혼미해진다>

人多技巧, 奇物滋起.
인 다 기 교   기 물 자 기
<사람들이 기교가 많으면, 이상한 물건이 더욱 많이 생긴다>

法令滋彰, 盜賊多有.
법 령 자 창   도 적 다 유
<법령이 너무 뚜렷할수록 도적이 더욱 많이 생긴다>

故聖人云,
고 성 인 운
<고로 성인이 이르되>

> 我無爲而民自化. 我好靜而民自正.
> 아 무 위 이 민 자 화   아 호 정 이 민 자 정
> <내가 무위를 행하니 백성들이 스스로 순화된다. 내가 고요한 정함(靜)을 좋아하니 백성들이 스스로 바르게 된다>
>
> 我無事而民自富. 我無欲而民自樸.
> 아 무 사 이 민 자 부   아 무 욕 이 민 자 박
> <내가 무위로 일을 하니 백성들은 스스로 부자가 된다. 내가 욕심이 없으니 백성들은 스스로 순박해진다>
>
> 諱(휘): 기피하다. 꺼려하다.
> 滋(자): 더욱.

의역 바르게 나라를 다스리고, 기이한 방식으로 용병을 하고, 욕심이 없는 무위로서 일을 처리함으로써 천하를 얻을 수 있다. 나는 어떻게 그것이 그러한지를 아는가? 이것으로써.

천하에 금하는 규칙이 많을수록 백성은 더욱 더 가난해진다. 백성들에게 이로운 수단이 많이 있을수록, 국가는 더욱 혼란에 빠진다. 사람들이 기교가 있을수록 이상한 물건들이 더 생긴다. 금하는 법령이 더욱 더 반포될수록 도적들이 많이 생긴다.

따라서 성인이 이르길,

나는 道의 원리에 부합하는 무위(無爲)로서 다스리니 백성들은 모두 스스로 순화되고, 내가 마음을 천하 혈과 동일한 고요한 상태(靜)로 임하니, 백성들은 스스로 바르게 되었다.

나는 무위로 일을 처리하니 백성들은 스스로 부유하게 되었고, 내가 사적 욕심이 없으니 백성들도 천하 혈의 기운을 닮아서 스스로 순박하게 되었다.

해석 이 장에서 노자는 천하를 얻어서 다스리는 자세로서 수양·무욕 등의 무위(無爲)를 강조하고 있다. 이 방법은 다름 아니라 수양·무욕 등의 무위(無爲)의 자세와 행위가 도·혈에 탐랑, 거문, 무곡, 좌보, 우필 등의 길한 구성 기운의 유입을 가져오기 때문이다.

세상이 혼탁하고 백성들이 가난해지고 도적들이 많아지는 원인은 통치자가 고요한 마음이 아닌 조급한 마음으로 작위(作爲)내지 감위(敢爲)로 일을 처리하기 때문인 것으로 평가한다. 이러한 행태는 천하 관장 혈의 작동원리와 배치되기 때문에 백성들이 세상을 사는 지식만 많아져서 나라가 혼탁해진다고 말한다.

조급하고 경솔한 마음은 유전자에 충분한 기운 축적이 없게 하고, 유위(有爲)는 유전자가 전혀 없거나 불충분하게 있음에도 불구하고 일을 추진하는 것이다. 욕심이 많으면 각종 도와 혈에 녹존, 문곡, 염정, 파군 등의 흉한 구성이 흐르게 만들어서 수많은 어려움을 야기한다. 이러한 도의 원칙은 통치자는 물론, 일반인에게도 적용되는 만고불변의 진리이다.

따라서 통치자는 사적 욕심 없이 청정한 마음을 가지고 무위를 지향하면, 이 기운을 받아서 백성들은 스스로 순화되고 순박해지고 부유해진다고 설파한다. 이렇게 되는 것은 통치자의 행태가 모두 길한 구성이 작용하는 무위(無爲)이기 때문이다.

다만 여기에서는 천하 혈이 정상적으로 작동하고 있다는 전제에서 이러한 논지를 펼치고 있다. 우주 천하 혈이 흉한 성진이 많은 영역대로 진입한다면, 세상은 그렇지 않은 상황보다 통치 여건이 악화될 수 있다. 그렇지만 통치자가 도의 원리를 알아서, 더욱 겸손해지고 청정한 마음을 가진 채, 무위의 통치를 추구하면 그렇지 않을 경우보다 상황이 훨씬 악화되지 않을 것으로 판단한다.

이 장에서 알아야 할 것은 통치자가 적절한 마음자세, 덕행 등의 무위를 행하면 국가혈에서 통치자의 마음과 행위 기운이 혈 기운은 물론, 백성들의 기운과 혼용되면서 생성된 통치 산알로 백성을 다스리는 것이다. 여기에서 강조하고 있는 점은 통치자의 행위는 물론, 마음가짐마저도 국가혈에 기운 전달이 됨으로써 국정운영에 지대한 영향을 미친다는 것이다.

앞장과 같이 이 장도 사람을 다스리려면 스스로 태도를 욕심 없이 청정한 마음을 지니고 행해야 다른 사람도 이에 호응한다는 것이다. 이러한 통치 원리는 우주의 만고불변의 진리라는 점을 시사하고 있다.

제60장 성인의 치세 자세: 기본욕구 충족 (12)

五色令人目盲, 五音令人耳聾, 五味令人口爽.
오색령인목맹　오음령인이롱　오미령인구상
<오색영롱한 물건은 사람 눈을 멀게 하고, 오음 음악은 사람들의 귀를 들리지 않게 한다. 오미 음식은 사람 입을 미혹한다>

馳騁田獵, 令人心發狂.
치빙전렵　령인심발광
<말 타고 사냥하는 모습은 사람 마음을 미치게 만든다>

難得之貨, 令人行妨.
난득지화　령인행방
<얻기 어려운 재화는 사람들의 행동에 지장을 준다>

是以聖人爲腹不爲目, 故去彼取此.
시 이 성 인 위 복 불 위 목 　고 거 피 취 차
<이 까닭에 성인은 배를 위하고 눈을 위하지 않는다. 따라서 저것을 버리고 이것을 취한다>

爽(상): 미혹하다.
馳騁(치빙): 말 타고 달리다.

의역 다섯 가지 영롱한 색깔을 가진 물건은 사람의 눈을 멀게 한다. 다섯 종류의 오행으로 만들어진 화려한 음악은 사람의 귀를 미치게 만든다. 또한 다섯 종류의 별미 음식은 사람의 입을 현혹시킨다. 제후나 왕들이 말 타고 사냥하는 모습은 백성들의 마음을 발광하게 만든다. 사람들은 구하기 어려운 재화에 현혹되면 행동에 지장을 받는다.

따라서 성인 스스로는 삶에 필수불가결한 재화만을 소비하고 (爲腹), 사치와 허영심을 만족시켜주는 불필요한 것은 버린다 (不爲目).

해석 이 장에서 노자는 백성들의 허영심을 없애기 위하여 우선 먼저 성인 스스로 사치스러운 재화, 별미의 음식, 호화로운 취미 등을 멀리 하고 삶에 필요 불가피하게 요구되는 재화나 음식 등 기본욕구 충족 위주의 자세를 취할 것을 권장한다.

예컨대 통치자가 사치와 허영심을 가지면, 신체 경락에 녹존 흉성 기운이 흐른다. 또한 외부 천지혈과 도(道)에도 흉한 구성이 전달되면서 천하혈에서 통치자 기운과 백성 기운이 혼합됨으로써 백성들의 마음에도 이러한 사치와 허영심을 야기하게 된다.

천하혈에서 혼성된 기운으로 백성들이 개인적 사익추구의 지혜만을 발전시킨다면, 나라는 그야말로 통치 불능의 상태에 빠지게 된다. 더욱이 필요 이상의 욕구를 만족시키는 사치와 허영심은 인간 영혼의 진화·발전을 막는 저해 요인으로도 작용한다.

따라서 노자는 이 장에서 치세의 방향으로 우선 통치자 스스로 사치와 허영심 없는 자세를 취함으로써 백성들 마음의 안정을 도모하고 백성들에게 실질적 행복을 가져올 수 있다는 견해를 피력하고 있다. 허영심과 사치는 도(道)에 흉한 구성을 흐르게 만들기 때문에 통치자와 백성들의 마음을 어지럽히는 비도(非道)인 것이다.

제61장 백성 존중의 성인 태도 (72)

民不畏威, 則大威至.
민 불 외 위   즉 대 위 지
<백성들이 (통치자의) 권위를 두려워하지 않으면, 바로 (통치자의) 커다란 권위가 이르게 된다>

無押其所居, 無厭其所生.
무 압 기 소 거   무 염 기 소 생
<(통치자가 백성들의) 거주지를 압박하지 않고, 사는 방식을 싫어하지 않는다>

夫唯不厭, 是以不厭.
부 유 불 염   시 이 불 염
<무릇 (통치자가 오로지 백성들을) 싫어하지 않기 때문에 (백성들도 통치자를) 싫어하지 않는다>

是以聖人自知不自見, 自愛不自貴.
시 이 성 인 자 지 부 자 현   자 애 부 자 귀
<이 까닭에 성인 스스로는 알아도 스스로를 나타내지 않고, 스스로 사랑해도 스스로를 귀하다고 여기지 않는다>

故居彼取此.
고 거 피 취 차
<고로 저것을 버리고 이것을 취한다>

押(압): 누르다. 압박하다.
厭(염): 싫어하다.

의역 백성들은 성인이 자신들을 존중하는 태도 때문에 성인의 권위를 두려워하지 않는다. 그리하여 오히려 성인의 커다란 권위가 생성된다.

성인은 백성들의 거주지를 핍박하지 않고 그들이 살아가는 방식을 싫어하지 않는다. 이와 같이 성인이 무릇 백성들의 삶의 양식을 싫어하지 않기 때문에 백성들도 성인의 생활을 싫어하지 않고 존중한다.

그리하여 성인은 스스로 도의 원리를 터득했음에도, 스스로를 드러내지 않는다. 스스로 사랑하지만 자신을 귀하다고 여기지 않는다. 그래서 저것을 버리고 이것을 취한다.

해석 이 상에서 노사는 '성인은 항상 백싱을 존중한다'는 점을 역설하고 있다. 이것은 백성을 존중하는 겸손한 자세가 길한 구성 기운을 국가 혈에 흐르게 하면서 백성들의 존중을 이끌어 내기 때문이다.

성인의 커다란 권위가 형성되는 것은 백성들의 삶의 양식을 존중해주기 때문이다. 백성들의 삶의 형태를 싫어하지 않고 존중해주기 때문에 백성들도 성인의 삶의 형태를 존중하고 싫어하지 않는다고 말한다. 상대에 대한 존중심은 실제로 본인 경락에 구성 가운데 각종 길성 기운이 흐르게 하고 존중을 받은 백성들의 마음 경락에도 각종 길성 기운이 흐르게 된다. 이로써 통치자와 백성들은 서로 존중하게 되는 것이다.

항상 성인들은 스스로를 드러내지 않고 스스로를 귀하다고 여기지 않기 때문에 백성들을 항상 존중할 수 있는 것이다. 또한 성인은 백성들 뒤에 서서 백성들을 존중하고 백성들을 위한 정책을 우선적으로 취한다. 이 때문에 백성들은 성인을 따르고, 성인의 권위는 더욱 존중받을 수 있다고 말한다.

이 장에서 노자가 강조하고 있는 점은 '통치자는 백성들을 존중하는 태도를 보여야 백성들이 감화되고 통치자를 따른다'는 것이다. 반면 오만하고 교만한 태도와 자세는 통치자 혈에 녹존, 파군 등의 흉한 구성이 흐르게 만들어서 백성들이 통치자를 멀리 하게 만드는 요인으로 작용한다.

제62장 성인 치세의 방식과 제도 (65)

古之善爲道者, 非以明民, 將以愚之.
고지선위도자 비이명민 장이우지
<옛날에 도를 잘 행하는 사람은 백성들을 현명하게 하는 것이 아니라, 장차 백성들을 우매하게 만드는 것이었다>

民之難治, 以其智多.
민지난치 이기지다
<백성들이 다스리기가 어려운 것은 그들이 얕은 지혜가 많기 때문이다>

故以智治國, 國之賊,
고이지치국 국지적
<고로, 지혜로서 나라를 다스리는 것은 나라의 적이 되고,>

不以智治國, 國之福.
불이지치국 국지복
<지혜로서 나라를 다스리지 않는 것이 나라의 복이 된다>

知此兩者, 亦稽式.
지차양자 역계식
<이 양자를 알면, 역시 제도 제정을 잘 헤아리게 된다>

常知稽式, 是謂玄德.
상지계식 시위현덕
<항상 제도에 대한 혜량을 아는 것이야 말로 우주의 덕과 관계있는 것이라고 말한다>

玄德, 深矣! 遠矣!
현덕 심의 원의

<우주의 덕, 심원하구나!>

與物反矣, 然後乃至大順.
여 물 반 의 연 후 내 지 대 순

<(덕이 깊으면) 반대로 (좋은) 물질을 준다. 그런 연후에 백성들은 곧 크게 순화된다>

稽(계): 따지다. 고찰하다.
式(식): 법규. 제도.

의역 옛날에 도를 이룬 사람은 백성들에게 세상사를 잘 알게 하는 지혜를 가르쳐 주지 않고, 오히려 백성들이 세상사를 모르게 하는 방식으로 세상을 다스렸다.

백성들을 다스리기가 어려운 것은 세상에 대한 얕은 지혜가 많기 때문이다. 따라서 무모한 사욕을 채우려는 지혜로서 나라를 다스리는 것은 바로 나라의 적을 만드는 것이다. 지혜로서 나라를 다스리지 않는 것이 오히려 나라에 홍복을 가져다 준다.

이 양자를 잘 알면, 국가의 제도와 법령을 어떻게 제정해야 할지 잘 헤아리게 된다. 이러한 법령 제정 방식을 아는 것은 백성들을 순화시키는 우주의 덕과의 관계를 올바로 이해하는 것이다.

현덕(玄德)은 깊고 끝이 없도다! 통치자가 백성들에게 덕을 베풀면, 국가혈은 적덕에 비례하여 통치자에게 백성을 다스리는 통치 물질을 전달해준다. 이렇게 된 후에 백성들은 통치자를 따르고 크게 순화된다.

해석 이 장에서 노자는 통치자가 나라를 다스리는 방법으로 세상사에 대한 지혜교육을 배격하고 적덕이 우선되는 덕치(德治)를 강조하고 있다. 그 내용으로는 지혜교육 방식이 아니라 덕치(德治)함양과 이에 따른 법 제정을 논하고 있다.

통치자가 나라를 다스리는 방법을, 한편으로는 세상에서 개인적 이익을 우선적으로 추구하는 지혜를 없애는 방식, 다른 한편으로는 통치자의 적덕에 따른 제도·법 제정 등 두 가지 종류로 구분해서 논하고 있다.

우선 세상을 다스리기 어려운 것은 백성들의 사익 추구 욕구 방식에 대한 지혜가 너무 많이 횡행하기 때문이다. 따라서 이러한 지혜를 없애는 방향으로 나라를 운영할 것을 요구한다. 사람들이 이익을 도모하기 위하여 온갖 지식과 지혜를 동원하지만, 실제로는 일의 성취가 이루어지지 않는다. 이것은 실제로 유전자 형질 기운의 부족에도 불구하고 무모하게 일을 추진하기 때문이다. 이것을 노자는 감위(敢爲)내지 유위(有爲)라고 비판한다.

그 다음으로는 백성들의 사익 추구 욕구를 없애고 순박한 사람으로 만들기 위해서는, 통치자의 적덕으로 상응하는 혈을 얻어서 이 순박한 기운으로 백성을 순화시킴으로써 나라를 다스리라고 조언한다.

여기에서 제도적 측면에서 덕치(德治)는 백성들을 옥조이는 수많은 법령과 제도를 제정하는 것이 아니라, 백성들이 자발적으로 따르게 하는 제도를 만들 것을 추천한다. 암묵적으로 이 장에 내재되어 있는 덕치의 또 다른 정책방향은 기본욕구 충족, 도덕교육 실시 등의 제도를 제정할 것이 요구된다고 하겠다.

이 장에서 노자는 통치 역시 도의 원리로서 현덕(玄德)이 구현된 덕치(德治)가 최고의 덕목이라는 점을 강조하고 있다. 사람들이 추구하는 세상사에 대한 지혜는 기본적으로 도·혈에 파군 흉성 기운을 탑재하고 있다. 파군 구성 기운은 본질적으로 남과의 쟁투와 타인의 희생으로 자신의 이익을 취하려는 파괴성을 지니고 있다. 반면 德은 길한 구성으로서 남과 경쟁하지 않고 무위로서 자연적으로 일을 성사시키는 방법이 지혜와 다르다.

통치자의 덕이 적으면, 백성들은 욕심이 커지면서 유위의 행동을 하고 매사를 얕은 지혜로서 접근한다. 반면, 통치자의 덕이 크면 순박한 통치물질이 생성되면서 백성들은 순박해지고 통치자를 잘 따른다.

통치자의 적덕 정도에 따라 순박한 통치 물질의 질이 달라지고, 그에 따라 법·제도 제정의 질도 상이하다는 것이다. 통치자의 덕이 높을수록, 금지하는 법령이 적어도 백성들은 통치자의 말에 순응하게 된다. 반대로 통치자의 적덕이 적을수록, 금지하는 제도나 법령이 많아지게 되어 있다.

제63장 천하혈과 성인의 치세 (19)

絶聖棄智, 民利百培.
절 성 기 지   민 리 백 배
<뛰어난 성인이 얕은 지혜를 버리면, 백성들의 이익은 백배로 늘어난다>

絶仁棄義, 民復孝慈.
절 인 기 의   민 복 효 자
<인을 뛰어나게 하고 의를 버리면, 백성들은 다시 효와 자애를 회복한다>

絶巧棄利, 盜賊無有.
절 교 기 리   도 적 무 유
<기교를 없애고 이익을 버리면, 도적이 없게 된다>

此三者以爲文不足, 故令有所屬.
차 삼 자 이 위 문 부 족   고 령 유 소 속
<이 삼자로서 문명을 만들기에는 부족하다. 고로 소속한 것(해당 혈)이 작동하게 만들어야 한다>

見素抱樸, 少私寡欲.
견 소 포 박   소 사 과 욕
<소소한 것을 보고 소박한 것을 잡아라. 사사로움을 적게 하고 욕심도 줄여라>

絶學無憂.
절 학 무 우
<뛰어난 학문은 근심을 없게 한다>

의역 뛰어난 성인은 스스로 온갖 수단으로 이익을 추구하는 지혜를 버리면, 백성이 누리는 이익은 백배로 늘어난다. 인(仁)은 뛰어나게 하고 의(義)를 버리면, 백성들은 다시 효심과 자애심을 회복한다. 성인이 교묘한 방법으로 이익을 도모하는 태도를 폐기하면 세상에서 도적이 사라진다.

이러한 세 가지 것만으로는 문명된 세상을 만들기에는 부족하다. 따라서 천하 제반 혈에 대한 보완책을 통해 천하혈은 물론, 분야별로 소속된 혈들이 제대로 작동하게 만들어야 한다. 그로써 소박한 기운을 담아서 사사로움을 적게 하고 백성들의 욕심을 약하게 만들어야 한다.

천문지리 등과 같은 뛰어난 학문은 천하혈을 제대로 작동시키는 역할을 수행함으로써 세상의 걱정을 없게 한다.

해석 노자는 이 장에서 성인이 지혜, 의(義), 사적 이익 도모 등을 스스로 버림으로써 백성들의 자세를 성인의 태도와 같게 만든다. 그러나 천하를 다스리기에는 이것으로 충분하지 않다고 말하면서 천문 지리적 방법을 통하여 천하혈과 그 하위혈이 제대로 작동하게 함으로써 천하를 태평하게 만들 것을 주문하고 있다.

각종 나라 穴들을 잘 작동하게 만들면, 이 혈들에서 소박한 기운이 생성된다. 다시 백성들이 소박한 기운을 수용하면, 백성들은 사익 추구와 과도한 욕심을 부리지 않게 된다고 말하고 있다. 이것은 국가혈이나 분야별 혈들의 문제점을 개선할 수 있는 천문 지리적 능력이 있어야 가능한 일이다. 이 문장을 보면, 노자 역시 이러한 능력의 소유자로 추정된다.

이처럼 노자는 성인 스스로 사익 추구 성향의 자세를 수정하고 덕행 위주의 태도를 견지하는 한편, 천문 지리적으로 제반 국가혈을 잘 작동하도록 고쳐야 나라의 모든 것이 수월하게 돌아간다고 주창한다. 통치자의 마음자세, 적덕 행위 등이 투영된 천하혈이 올바로 작동하면, 소박한 기운이 백성들에게 공급됨으로써 백성들도 소박하고 욕심 없는 삶의 영위가 가능해지기 때문이다.

7

도·혈(道·穴)과
인간과의 관계

내더경

7
도·혈(道·穴)과 인간과의 관계

7.1. 도(道)에 대한 무지(無知)

제64장 우주 원리 이해의 필요성 (71)

知不知, 尙矣, 不知知, 病也.
지부지 상의 부지지 병야
<알지 못하는 것을 깨우치는 것을 숭상하라. 알아야 하는 것을 알지 못하면, 바로 병이 된다>

夫唯病病, 是以不病.
부유병병 시이불병
<무릇 오로지 병을 병으로 알면, 그것은 병이 아니다>

聖人不病, 以其病病.
성인불병 이기병병
<성인은 병이 없다. 그 병을 병으로 알기 때문이다.

是以不病.
시이불병
<그래서 병이 없다>

의역 알지 못하는 것을 아는 것이 우선 생각해야 할 것이다. 도의 원리 등 알아야 하는 것을 알지 못하면, 바로 병이 된다. 무릇 오로지 알아야 할 것을 알지 못하는 병을 병으로 알면 병이 되지 않는다. 성인은 병이 없는데, 그것은 병을 병으로 알기 때문이다. 그래서 성인은 병이 없는 것이다.

해석 이 장에서는 세상 사람들이 道의 원리를 알지 못하기 때문에 세상을 살아가는 방법을 모른다고 말한다. 이 때문에 도의 원리를 파악하는 것이 필요하다고 언급하고 있다.

그러나 성인은 우주의 이치를 알아서 세상을 올바로 사는 법을 터득한 사람이기 때문에 하늘이 부여한 천명대로 바르게 살고 있다. 그러나 일반인들은 도의 원리를 모르기 때문에 성취할 수 없는 이익 추구에만 집중한다. 따라서 사람들은 우선 먼저 우주의 원리가 체현된 道의 원리를 터득하는 것이 필요하다고 말하고 있다.

제65장 도(道)의 원리에 대한 인간의 무지 (70)

吾言甚易知, 甚易行.
오 언 심 이 지   심 이 행
<나의 말은 이해하기가 매우 쉽다. 행동하기도 매우 쉽다>

天下莫能知, 莫能行.
천 하 막 능 지   막 능 행
<천하는 나를 이해할 수 없어서 (나의 말을) 행동으로 옮길 수도 없다>

言有宗, 事有君.
언 유 종   사 유 군
<말에도 종지가 있고 일에도 근본이 있다>

夫唯無知, 是以不我知.
부 유 무 지   시 이 불 아 지
<무릇 다만 (위의 근본을) 알지 못하기 때문에 나를 알지 못하는 것이다>

知我者希, 則我者貴.
지 아 자 희   칙 아 자 귀
<나를 아는 사람이 드물어서 나를 본받는 사람도 귀하다>

是以聖人被褐懷玉.
시 이 성 인 피 갈 회 옥
<이러한 까닭으로 성인은 남루한 옷을 입고 옥을 품고 있는 사람과 같다>

則(칙): 본받다.

의역 나의 말은 이해하기가 매우 쉽고 행동으로 옮기기도 쉽다. 천하는 형이상학적 도를 모르기 때문에 나의 말을 이해하지 못하고 행동으로도 옮길 수 없다. 만물을 형용하는 말에는 근본이 있고, 일에도 성사 측면에서 보면 고려해야 할 핵심이 있다. 대저 사람들은 이러한 우주의 근본과 도의 핵심을 알지 못하기 때문에 나를 이해하지 못하는 것이다.

형이상학 범주에 속하는 도(道)의 원리를 모르기 때문에 나를 이해하는 사람이 드물고, 나를 본받는 사람도 귀하다. 그래서 성인은 남루한 옷을 입고 품에 옥을 품고 있는 사람과 같다.

해석 이 장은 노자는 道의 원리에 대한 인간의 무지(無知)에 대해 비판적으로 말하고 있다. 일반인들이 도의 원리를 모르기 때문에 노자의 말을 이해하지 못하고 행동으로 옮기지 못한다고 언급하면서 도의 작동 원리에 대한 이해 필요성을 주문하고 있다.

실상 道란 눈에 보이는 세계가 아니라 형이상학적 대상이기 때문에 사람들이 접근하기 어렵고 말해도 이해하기 어렵다. 그러나 올바른 삶을 위해서는 道의 원리는 무엇보다도 최우선적으로 알아야 할 대상이다. 도를 알지 못해서 행동으로 옮기지 못하면, 영혼의 진화발전은커녕, 현생에서도 행위를 해도 실익이 없고 차생에서도 영혼 진화발전에 전혀 도움을 주지 못하는 행위만을 할 따름이기 때문이다.

그러나 이러한 각종 道의 영역은 경험적으로 인식 가능한 영역이 아니기 때문에, 이야기해도 이해하기 어렵다. 따라서 성인은 초라하게 보이지만, 그 가슴에는 빛나는 보화를 품고 있는 사람으로 비유하고 있는 것이다.

7.2. 도(道)와 정신 수양

제66장 도(道)의 원리에 따르는 태도:
밝음·지족·영혼진화 (33)

> 知人者智, 自知者明.
> 지인자지 자지자명
> <사람을 아는 사람은 지혜가 있고 스스로를 아는 사람은 밝음이 있다>
>
> 勝人者有力, 自勝者强.
> 승인자유력 자승자강
> <사람을 이기는 사람은 힘이 있고, 스스로를 이기는 사람은 강하다>
>
> 知足者富, 强行者有志.
> 지족자부 강행자유지
> <만족을 아는 사람은 부유하고, 강하게 행동하는 사람은 의지가 있다>
>
> 不失其所者久, 死而不亡者壽.
> 불실기소자구 사이불망자수
> <육체 혈을 잃지 않는 사람은 오래 살고, 죽어도 (혼이) 망하지 않는 사람은 실제 수명이 길다>

의역 사람을 잘 아는 사람은 다른 사람을 수단으로 자신의 사익을 편취하는 지혜가 있다. 스스로를 잘 아는 사람은 도의 원리를 아는 밝음이 있다.

사람을 완력으로 이기는 사람은 신체적 힘이 있다. 그러나 자신의 욕심을 억제하고 무리한 행동을 자제하면서 스스로를 이기는 사람은 실제로 강한 사람이다. 매사에 만족을 아는 사람은 스스로 부를 이룬 사람이다. 다만 성사여부에 상관없이 무슨 일을 강행하는 사람은 의지만이 굳다고 볼 수 있다.

각종 방법으로 자신의 생명을 잃지 않고 유지하려는 사람은 오랫동안 살 수 있다. 그러나 죽어도 혼(魂)이 망하지 않고 좋은 상태에 머무르는 사람은 실제로 영혼의 장수를 누리는 사람이다.

해석 이 장에서 노자는 도의 원리에 따른 삶의 태도로서 밝음·지족·영혼진화 등을 거론하고 있다.

비유적으로 설명하기 위해 세상 사람을 아래와 같이 두 가지 부류로 분류하고 있다.

자신의 이익만을 취하려는 사람과 도에 대한 내적 밝음이 있는 사람; 완력으로 세상을 사는 사람과 자신의 욕구를 억제하면서 도에 맞게 살려는 사람; 욕심으로 얻으려는 사람과 매사에 만족하는 사람; 건강유지를 위해 노력하는 사람과 영혼 진화를 위해 정진하는 사람.

이 장에서 노자는 도를 아는 밝음이 있는 사람, 매사에 만족하는 사람, 영혼진화에 매진하는 사람 등이 길한 구성이 흐르는 천도(天道)에 부합되게 사는 사람들이라고 말한다. 이러한 사람이야말로 하늘의 원리에 어긋나지 않는 내적 수양, 적덕 등이 잘 되어 있는 사람으로 피력하고 있는 것이다.

천도에 배치되는 삶의 태도는 뜻을 펼칠 수도 없고, 추진하는 일도 결코 성사될 수 없는 법이다. 이러한 마음자세와 태도는 신체 경락에 흉한 구성을 흐르게 하면서 외부 도·혈에도 흉기를 전달, 필요 유전자 형질 발현을 억제하거나 흉한 유전자 형질이 발현되게 만들기 때문이다.

제67장 도(道)와 부합되는 마음의 자세: 중(重)·정(靜) (26)

重爲輕根, 靜爲躁君.
중위경근 정위조군
<중함은 경함의 뿌리가 되고, 청정함은 성급함의 임금이 된다>

是以君子終日行不離輜重.
시이군자종일행불리치중
<이 까닭에 군자는 종일 짐수레로부터 떨어지지 않는 것처럼 무겁게 행동한다>

雖有榮觀, 燕處超然.
수유영관 연처초연
<비록 영예를 봄이 있어도 편안한 곳에 초연하게 거기한다>

奈何萬乘之主, 而以身輕天下,
내하만승지주 이이신경천하
<어찌하여 만승의 수레를 지닌 천자가 스스로 천하를 가볍게 여기겠는가?>

輕則失本, 躁則失君.
경즉실본 조즉실군
<가볍게 행동하면 그 근본을 잃고, 성급하게 행동하면 임금을 잃는다>

輜(치): 짐수레.
燕處(연처): 편안한 곳.
萬乘(만승): 일만 개의 수레로서 천자를 의미함.

의역 마음의 무거움은 가벼움의 뿌리가 된다. 마음의 고요함으로서 청정함(靜)은 성급함(躁)의 임금이 된다. 따라서 군자는 종일 짐수레에서 떨어지지 않고 있는 것처럼 행동을 무겁게 한다. 비록 영화를 누릴지라도 호화롭지 않는 편한 곳에서 청정한 마음으로 초연하게 지닌다.

어찌하여 대국의 천자(만승지주)가 스스로 천하를 가볍게 여기겠는가? 만일 가볍게 행동하면 무거움의 근본을 잃고 조급하게 행동해도 청정함의 임금을 잃는다.

해석 이 장에서 노자는 무겁고 청정한 마음 자세가 도의 원리에 부합한다고 말하고 있다. 노자가 마음의 道를 언급하는 것은 우주 구성의 좋은 기운을 얻기 위한 일환으로 그 구성 기운과 부합하는 마음가짐을 가지고 행위를 해야 하기 때문이다. 이 경우 무겁고 청정한 기운은 구성 가운데 탐랑, 거문, 무곡, 좌보, 우필 등의 길성에만 해당되는 기운이다.

구성은 9개로 구분되지만, 동일 길한 구성이라도 기운의 청정한 정도, 가라 앉아 있는 중(重)한 정도는 모두 차이가 있다. 청정, 무거움의 정도가 클수록 길한 구성이며, 실제로 진혈(眞穴)일수록 이러한 구성 기운이 많이 흐른다. 자미원국 혈은 청정성과 무거움의 정도가 커서 유전자 형질 발현에 기여할 수 있는 물질을 무려 약 5,000 여개를 동시에 생성한다.

이 경우 청정한 기운은 유전자 정보를 충분히 실어 나를 수 있는 길성에 해당되는 저주파인 반면, 탁한 기운은 유전자 정보를 제대로 실어 나를 수 없는 흉성 기운이다. 가벼운 기운은 천문 축기가 별반 되어 있지 않는 속빈 강정처럼 쭉정이 기(氣) 알갱이를 가지고 있는 반면, 중한 마음의 기운은 천문 기운이 충분히 축적되어 있는 기 알갱이로 구성된 기운이다.

좋은 구성 기운을 받으려면, 수양이 잘된 마음으로 구성기운과 유사한 행위를 해야만 혈 기운과 일체가 되면서 청정하고 중한 기운을 혈로부터 받을 수 있다. 인간의 마음가짐과 행위가 항상 적정 저주파로 작동해야만, 외부 도·혈로부터 충분한 유전정보를 가져오면서 필요 유전자 형질을 발현시킬 수 있기 때문이다.

만일 행위를 위한 마음가짐과 자세가 경솔하고 조급하다면, 혈 기운의 무거움과 고요함을 잃게 된다. 이에 따라 실어 나르는 파동에 충분한 유전정보가 실리지 않게 되면서 유전자 형질 발현이 부족하거나 잘못된 유전자가 작동하게 된다.

설사 관계자가 음·양택 명당을 소유하고 있을지라도, 가볍고 성급한 마음을 가지면, 명당의 청정하고 중한 기운을 얻을 수 없게 된다. 이것은 성급하거나 가벼운 마음가짐으로 몸 경락의 道에 충분하지 못한 구성 기운을 흐르게 만들기 때문이다.

이 장이 주는 교훈은 사람들이 특정 행위를 하기 전에 항상 마음을 무겁고 청정하게 하는 한편, 행위 과정에서도 무겁고 청정한 마음을 소지하여 도·혈의 기운과 합일할 것을 가르치고 있다.

제68장 도(道)의 원리 구현 품행: 지족(知足)·지지(知止) (44)

名與身孰親? 身與貨孰多? 得與亡孰病?
명여신숙친   신여화숙다   득여망숙병

<명예와 몸 가운데 어느 것과 친 하느냐? 몸과 재화 가운데 어느 것이 낫다고 보는가? 얻는 것과 잃는 것 가운데 어느 것이 병인가?>

是故甚愛必大費, 多藏必厚亡.
시고심애필대비   다장필후망

<이러한 까닭에 심히 좋아하는 것은 반드시 크게 소비한다. 많이 쌓아 둔 것은 반드시 크게 망하게 된다>

知足不辱, 知止不殆, 可以長久.
지족불욕   지지불태   가이장구

<만족을 알면 욕됨이 없다. 멈춤을 알면 위태롭지 않다. 그러면 오래 존속될 수 있다>

의역 명예와 건강 가운데 어느 것을 가까이 하는가? 몸과 재화 가운데 어느 것을 좋게 여기는가? 얻는 것과 잃는 것 가운데 어떤 것이 문제를 일으켰는가?

이 까닭에 어떤 것을 심하게 아끼면, 기 순환의 정체로 반드시 크게 소비하게 된다. 많이 저장해 놓은 것은 혈 기능 저하로 반드시 크게 없어지게 된다.

욕심을 부리지 않고 만족을 알면 기운을 완전히 채우지 않아서 치욕스러운 상황이 도래하는 일이 없다. 욕심을 내지 않고 적정한 상태에서 그침을 알면 위태로운 상황에 빠지지 않고 하는 일이 오랫동안 지속될 수 있다.

[해 석] 이 장에서 노자는 도의 원리가 구현된 품행으로서 만족(知足)과 그침(知止)을 강조하고 있다. 본인에게 기운을 공급해주는 혈의 기능을 이해하지 못하고 그 원리에 어긋나는 행위는 모두 좋지 않는 결과로 귀결된다고 언급한다.

사람들은 하늘 및 지상에 존재하는 수많은 외부 穴들로부터 기운을 받으면서 삶을 영위한다. 몸은 이 기운을 받는 하나의 수시체이기도 하지만, 이 외부 혈을 조절해나가는 행위체가 될 수도 있다. 인간의 마음가짐과 행위는 인간 신체 경락과 혈에 흐르는 구성의 작용으로 외부 혈 기운을 많이 받게 할 수 있다. 반대로, 외부 혈 기능을 망가뜨려서 외부 혈의 흉기도 받게 할 수도 있다.

이 경우 사람들에게 길한 기운을 주는 외부의 혈은 인간의 욕심으로 완전히 기운이 채워지면 흉한 구성의 발동으로 기능이 저하되고 흉기를 발산한다. 혈이 원활하게 작동하려면 기운을 덜어내고 그 자리에 새로운 기운이 들어오게 하면서 순환시켜야 한다는 것이 바로 도덕경에서 지속적으로 강조하고 있는 '채우지 않는 불영(不盈)의 道'이다.

외부 혈은 모두 인간의 행위와 연결되면서 작동한다. 만약 멈추지 않고 지속적인 욕심으로 일을 확대·추진한다면, 혈 기운이 완전히 채워지면서 혈은 더 이상 작동하지 않고 흉기를 발산한다.

이러한 도의 원리를 깨달은 노자는 이 장에서 혈의 기운을 완전히 채우지 않는 지족(知足)과 일의 추진에 있어서 무모하게 확대·추진하지 않는 지지(知止)를 강조하고 있는 것이다. 지족과 지지는 도의 원리이다. 도의 원리에 위배되면 흉기 발생으로 흉사가 발생하기 마련이다.

특히 명예에 집착하고 또는 명예를 크게 이루면 火 천문 기운이 성하게 된다. 이러한 상황은 심장관련 혈에 기운을 가득 채우면서 건강이 상하게 된다. 재물 욕이 강하면, 신장·방광 관련 혈에 기운을 가득 채움으로써 발생 흉기에 의한 피폭으로 각종 관련된 병을 얻게 된다. 반대로 몸을 과도하게 아끼면, 인사 관련 혈이 작동하지 않으면서 재물 손실이나 명예 실추로 이어진다.

이와 같이 사람들의 마음자세와 행위는 인간 12경락과 혈에 영향을 미치고 이것은 또 다시 외부 천지 혈에도 영향을 주면서 각종 흉(凶)을 생성한다. 이런 인과관계를 인지한 노자는 명예와 몸 건강 가운데 어느 것과 가까이 하는가라고 질문을 한 것이다. 과도한 집착과 행위는 혈 기운을 넘치게 하면서 녹존, 파군 등의 흉한 구성을 작동시키고 이것은 다시 다른 경혈에 작동 이상을 일으킴으로써 건강이나 인사 상 문제를 만들기 때문이다.

만일 부귀에 관한 집착으로 인사혈이 가득 채워지면, 건강 관련 혈을 망가뜨린다. 이 경우 인사 관련, 예컨대 부와 명예는 얻었지만 건강이 상하게 되었기 때문에, 육체의 병의 원인은 부와 명예 집착이 되는 셈이다.

따라서 노자는 이 장에서 어느 특정 부분에 대한 과도한 집착은 그 부분이나 다른 부분을 심하게 상하게 할 수 있다는 점을 상기시키고 있다. 사람들은 기운을 완전히 채우지 않는 지족(知足)과 지지(知止)를 알아야 각종 재앙을 방지할 수 있다고 강조하고 있는 것이다.

제69장 도(道)의 원리에 부합하는 태도: 지족(知足) (46)

天下有道, 却走馬以糞.
천하유도　각주마이분
<천하에는 도가 있다면, 달리는 말을 멈추게 하여 말똥으로 토양을 비옥하게 한다>

天下無道, 戎馬生於郊.
천하무도　융마생어교
<천하에 도가 없으면, 전마가 교외에서 사육된다>

禍莫大於不知足, 咎莫大於欲得.
화막대어부지족　구막대어욕득
<지족을 하지 않는 데에서 화가 막대하다. 얻으려는 욕심에서 허물이 막대하다>

故知足之足, 常足矣.
고지족지족　상족의
<고로 만족하고 만족하는 것을 알고, 항상 만족하라>

却(각): 그치다. 물리치다.　　　戎馬(융마): 戰馬(전마).

의역　천하에는 좋은 기운이 흐르는 道와 혈이 있다. 여기에 맺힌 혈이 작동하면, 달리는 말을 멈추게 하고 말의 분뇨로 땅을 비옥하게 만든다. 천하를 관장하는 대혈이 작동하지 않으면, 오히려 전쟁을 준비하기 위해 말들이 교외에 주둔한다.

이처럼 화(禍)가 막대하게 발생하는 것은 만족을 모르는 데에 그 원인이 있다. 또한 얻으려는 욕심이 넘치면, 그 재앙도 막

대하다. 따라서 만족하고 만족하는 것을 알아라. 항상 넘치지 않게끔 만족하라.

해석 이 장에서 노자는 통치자가 만족을 모르고 과욕을 부리면, 천하 관장 穴이 작동하지 않음으로써 나라에 전쟁과 같은 재앙을 불러들인다고 설파한다. 이것은 통치자의 과욕이 천하 혈에 기운을 완전히 채워서 구성 흉기를 만들기 때문이다.

반대로 통치자가 만족을 알고 순리대로 국사를 처리하면, 천하 제반 혈들이 천지 기운에 맞추어 작동하면서 백성들에게 홍복을 가져다준다. 이것은 통치자의 마음 자세에 따라 인체 경락의 道에도 흉한 구성과 길한 구성이 흐르면서 외부 천지혈(天地穴)에 기운이 파급되어서 국사의 길흉을 좌우하기 때문이다.

물론, 천하의 대도도 천지 운(運)에 의존되어 있기 때문에 자체 운행 과정에서도 길흉이 만들어진다. 그럼에도 불구하고 통치자의 순리에 맞는 행위는 발생 가능한 흉운(凶運)도 반감시킬 수 있고, 길운으로의 운행 시에는 운을 보다 좋은 방향으로 증폭시킬 수 있다.

이 장에서 道란 외부에 있는 천지혈에 의해 자체적으로 규정되는 것만이 아니라 통치자는 물론, 사람들의 덕행, 만족하는 처신 등에 따라 신체 경락이라는 신체 道에도 각종 구성이 작용하면서, 긍정적으로 또는 부정적으로 작동할 수 있다는 것이다. 사람, 가문, 국가 등의 길흉에 있어서 외부 혈만이 아니라 사람, 통치자 등이 실제 길흉의 행위자인 셈이다.

7.3. 도·혈(道·穴)과 인간 행위

제70장 도(道)와 부합되는 인간 품행:
낮추고 덜어내는 덕행 (42)

道生一, 一生二, 二生三, 三生萬物.
도생일 일생이 이생삼 삼생만물

<도는 한 개의 혈을 생하고, 한 개의 혈은 두 번째 혈을 생하고, 두 번째 혈은 세 번째 혈을 생한다. 세 개의 혈은 만물을 생한다>

萬物負陰而抱陽, 沖氣以爲和.
만물부음이포양 충기이위화

<만물은 음을 지고 양을 품는다. 기가 움직임으로써 화합이 된다>

人之所惡, 唯孤, 寡, 不穀, 而王公以爲稱.
인지소오 유고 과 불곡 이왕공이위칭

<사람들이 싫어하는 것은 오로지 외로움(孤), 부족(寡), 기르지 못함(不穀)이다. 왕과 공후는 이것으로 자신을 불리우게 하였다>

故物或損之而益, 或益之而損.
고물혹손지이익 혹익지이손

<고로 만물은 덜어내야 이익이 되고, 보태면 아마도 손해가 된다>

人之所教, 我亦教之,
인지소교 아역교지

<(이것이) 사람들이 깨달아야 할 것이다. 나 역시 그것을 가르친다>

强梁者不得其死, 吾將以爲教父.
강량자부득기사 오장이위교부

> <힘으로 빼앗으려는 사람은 그것을 죽어도 얻지 못한다. 나는 장차 그것을 가르침의 아버지로 삼을 것이다>

의역 道에 흐르는 기운이 하나의 천혈을 만들고, 천혈은 지혈을 생성하고, 천혈과 지혈 두 개가 천지혈(인혈)을 만든다. 천혈, 지혈, 천지혈(인혈) 3개가 만물을 생성한다.

만물은 이 3개의 혈에서 陰 기운을 가지고 있으면, 陽 기운이 들어와서 음양교회를 한다. 이 과정에서 음양 기운이 움직이면서 기운이 화합한다.

사람들이 두려워하는 것은 단지 외로움(孤), 부족(寡), 기르지 못한다는 의미의 불곡(不穀) 등이지만, 왕이나 공후는 반대로 이러한 것들을 자신의 호칭으로 삼는다.

따라서 만물은 덕행으로 자신을 덜어내어야 음덕혈 작동으로 각종 이로움이 생긴다. 자신의 이익을 우선적으로 추구하면 혈의 작동력이 저하되면서 실제로 손해를 본다. 이것이 사람들이 깨달아야 할 점이다. 나 역시 이 점을 가르친다.

힘으로 얻으려는 사람은 道의 원리에 어긋나서 죽어도 얻을 수 없다. 나는 장차 이러한 점을 가르침의 아버지로 삼을 것이다.

해석 이 장에서 노자는 낮추고 덜어 내는 자세가 이익을 준다고 말하면서 낮추고 덜어내는 덕행의 필요성을 강조한다.

반대로 '교만하고 보태는 태도는 인간들에게 손해를 가져온다'고 말한다.

우주 만물이 생성되는 원리를 제일 먼저 우주 천혈, 그 다음 땅의 지혈, 천지혈(인혈) 등이 차례로 생성되고, 이 곳에서 음양 교회가 이루어지면서 만물을 만든다고 본다. 이 경우 혈 기운과 동일한 청정하고 낮은 자세가 음양교회를 통한 필요물질을 그렇지 않는 경우보다 보다 많이 생성한다.

이러한 자연 논리로 만물의 길흉화복이 만들어지기 때문에 길(吉)을 추구하고 흉을 피하려면, 도의 원리에 맞게 교만한 태도를 버리고 자신을 낮추는 것의 일환으로서 예전에 왕과 공후들은 자신의 호칭도 낮추어 부르게 하였다고 한다.

실제로 겸손한 태도는 탐랑, 우필 등의 길한 구성 기운이 신체 경락에 흐르게 한다. 반면 교만한 언행과 태도는 녹존, 파군 등의 흉한 구성 기운이 몸 경락에 흐르게 한다. 이러한 인간 태도와 자세는 신체 경락과 혈에 각종 구성 기운을 전달하고 이 기운은 다시 외부 지혈(地穴)과 천혈(天穴)로까지 영향을 주면서 건강 및 인사 상 길흉을 만들어 낸다.

이와 동시에 노자는 덜어내는 덕행이 이익을 가져온다고 설파하고 있다. 덜어내는 덕행은 혈 기운을 완전히 채우지 않게 하는 한편, 음덕혈에서 神들의 판단으로 기운을 증가시켜서 덕행 당사자에게 이로움을 준다. 덕행으로 음덕혈 기운이 증가되면, 본인 건강혈이나 인사혈 기운이 증가되기 때문이다.

그리하여 자신의 이익을 보태는 행위를 노자는 도의 작동 원리에 어긋나기 때문에 강력하게 비판한다.

이러한 비판에는 단순히 윤리적 차원이 아니라 자연적으로 그럴 수밖에 없는 강제적 논리가 존재한다. 사적 이익 추구는 우주 원리에 반해서 손해가 발생하고, 덜어내는 덕행을 하면 도의 원리에 부합되어서 실제로 이익이 생긴다는 진리를 설파하고 있는 것이다.

제71장 덜어내는 품행과 천하 경영 (48)

爲學日益, 爲道日損.
위 학 일 익   위 도 일 손
<학문을 하면 날로 더하고, 도를 행하면 날로 덜어낸다>

損之又損, 以至於無爲.
손 지 우 손   이 지 어 무 위
<덜어내고 또 덜어냄으로써 무위에 이른다>

無爲而無不爲, 取天下. 常以無事,
무 위 이 무 불 위   취 천 하   상 이 무 사
<무위로 하지 못하는 것이 없어서 천하까지도 취한다. 항상 무위로서 일을 한다>

及其有事, 不足以取天下.
급 기 유 사   부 족 이 취 천 하
<급기야 사람들이 유위로 일을 한다면, 그것으로 천하를 취하기에는 부족하다>

의역 학식을 추구하면 날로 자신의 이익을 얻고자 한다. 道의 원리대로 살면, 날로 자신을 덜어낸다. 자신의 재물, 명예, 이익 등을 덜어내고 또 덜어낸다. 그렇게 함으로써 공공선을 앞세우는 무위(無爲)의 상태에 이른다.

무위의 행위를 하면 하지 못하는 것이 없게 된다. 따라서 천하도 얻게 된다. 그리하여 항상 道의 원리를 아는 사람은 무위로서 일을 처리한다. 그러나 유위(有爲)로서 일을 처리 하는 것에 이르게 되면, 결코 천하를 얻을 수 없는 것이다.

[해석] 이 장에서 노자는 자신을 덜어내는 무위(無爲)를 강조하고, 보태는 유위(有爲)를 비판하고 있다.

세상사에 관한 지식을 통해 사사로운 이익을 추구하지 말고 자신의 이익을 덜어내고 공공선을 위해 진력하면, 도의 원리에 부합하는 무위의 경지에 이른다. 이 경지에 도달하면 천하도 얻을 수 있다고 설파한다.

그 반대로 자신의 사욕을 채우려는 유위의 행위는 천하를 얻을 수 없다고 언급한다. 공공선을 위한 행위만이 음덕혈에서 덕의 기운을 올리고, 이 적덕 기운은 본인의 인사·건강혈 기운을 증가시켜 자신이 원하는 것을 성사시켜 주기 때문이다.

이것은 통치자에게만 적용되는 원리가 아니라 모든 사람에게도 적용되는 도(道)의 진리이다. 과도한 사익을 추구하는 행위는 이익을 만들기는커녕 소지하고 있는 재산, 명예 등까지도 없애는 계기로 작용하기 때문이다.

노자는 이 장에서 무위는 아무것도 하지 않는 행위가 아니라 덜어내는 행위, 즉 적덕을 의미하는 행위인 것이다. 덜어내지 않으면 혈의 작동력을 약화시키기 때문에 덜어내는 무위는 우주의 작동 원리에 부합하는 강제성이 있는 행동강령인 셈이다. 반면 유위(有爲)는 자신의 이익을 취하고 보태는 행위로서 실제로 일의 성사를 어렵게 만드는 유해한 행위이다.

제72장 보조성(사소한 일)과 일의 성패 (63)

爲無爲, 事無事.
위무위 사무사
<무위를 행하면 일도 무위로 한다>

味無味. 大小多少, 報怨以德.
미무미 대소다소 보원이덕
<혈의 기운은 맛이 없다. 큰 것은 작은 것(穴)에서 만들어지고, 많은 것도 적은 것(穴)에서 만들어진다. (이 혈 기운으로) 원한을 덕으로 갚는다>

圖難於其易, 爲大於其細.
도난어기이 위대어기세
<(일의) 도모는 그 쉬운 것에 그 어려움이 있다. 커다란 일을 이루는 것도 그 작은 것에 어려움이 있다>

天下難事, 必作於易.
천하난사 필작어이
<천하에서 어려운 일은 반드시 쉬운 곳에서 만들어진다>

天下大事, 必作於細.
천하대사 필작어세
<천하에서 큰일은 반드시 세세한 곳에서 만들어진다>

是以聖人終不爲大, 故能成其大.
시이성인종불위대 고능성기대
<이러한 까닭으로 성인은 끝까지 큰 것을 하지 않는다. 그래서 그 큰 것을 이룰 수 있다>

夫輕諾必寡信, 多易必多難.
부 경 낙 필 과 신　다 이 필 다 난
<무릇 가볍게 승낙한 것은 반드시 믿음이 부족하다. 많이 쉬운 것은 반드시 많은 어려움이 따르기 마련이다>

是以聖人猶難之, 故終無難矣.
시 이 성 인 유 난 지　고 종 무 난 의
<이런 까닭에 성인은 쉬운 일을 어렵게 대하기 때문에 끝까지 어려움이 없다>

의역　진혈을 얻으면, 행위를 무위로서 하고, 일 처리도 무위로서 처리한다. 이 경우 무위와 연관된 혈의 기운은 느낄 수 없는 맛이다.

커다란 일의 성취는 작은 혈의 기운에서 만들어지고, 많은 일 처리도 적은 혈의 기운으로부터 만들어진다. 덕이 거듭되면 진혈(眞穴)의 기운으로 원수에게까지도 좋게 대한다.

일을 도모함에 있어서 성취하기 어려운 점은 천문에서 보조성 영역인 쉬운 일 처리에 그 원인이 있다. 세상의 큰일은 보조성영역인 세세한 일을 잘 처리함으로써 비로소 성사된다.

세상일이 어려운 것은 반드시 쉬운 일 처리에 문제가 있는 법이다. 천하의 대사는 작고 세세한 일 처리로부터 시작해야 한다. 그리하여 성인은 끝까지 큰 일 보다 작은 일 처리에 노력을 경주한다. 따라서 그 큰일을 이룰 수 있다.

무릇 가볍게 승락한 일은 반드시 잘 될 것이라는 믿음이 부족하다. 쉬운 일은 반드시 불완전한 보조성 작동으로 어려움이 많이 따르기 마련이다. 따라서 성인은 오히려 쉬운 일 처리를 어렵게 대함으로 끝까지 어려움이 없다.

[해석] 이 장에서 노자는 천문기운을 읽고 유전자를 구성하는 기운이 주성, 부성, 보조성 등 수많은 성진에 의해 만들어져 있다는 것을 인식하고[17], 일의 성사에 있어서 수많은 보조성의 작용이 매우 중요하다고 설파하고 있다.

유전자 천문 분석을 해보면 한 개의 주성 작용력 20%, 소수의 부성 작용력 30%, 수많은 보조성 작용력 50% 전후를 차지한다. 여기에서는 주성이나 부성은 큰일을 주관하고 보조성은 작고 세세한 일을 관장한다. 주성이나 부성이 작동하지 않는다면, 물론 일은 성사되기 어렵다. 또한 주성, 부성 등이 제대로 작동할지라도 보조성이 완전하게 작동하지 않으면, 일의 성취 또한 어렵다.

일반 사람들은 보조성이 작용하는 쉬운 일 보다는 주성, 부성이 작용하는 큰일 처리에 천착하기 쉽지만, 보조성의 영역인 쉬운 일도 끝까지 잘 처리해야 소기의 목적을 이룰 수 있다고 강조한다. 그러나 이것은 노력만으로는 잘 되지 않는다. 일의

---

17) 우주 천혈이나 지상 혈에서 주성은 앞 주작방향인 향(向)으로부터 들어온다. 부성은 향의 좌우측으로부터 기운이 들어온다. 보조성은 청룡, 백호 방향의 좌우측에서 들어온다.

성사에는 배후에서 혈이 작용하기 때문이다. 그리하여 큰일이나 많은 일도 작은 혈이나 몇 개의 혈에서 만들어진다고 말한다.

일반인들과는 달리 성인에게 기운을 주는 천지 혈에는 두터운 적덕으로 강력한 주성 및 부성, 수많은 보조성 기운이 충분히 유입되고 있다. 따라서 성인은 관계 혈의 보조성도 충분하게 작동하면서 작은 일까지도 끝까지 잘 처리할 수 있다고 언급한다.

이러한 측면에서 보조성도 잘 작동하는 혈 획득의 필요성이 이 장 머리 부문에 등장한다. 진혈을 얻거나 혈 작동력을 높이면 무위로 일을 잘 처리할 수 있고 원한도 덕으로 갚을 수 있는 것으로 말한다. 온전한 혈을 얻는 것은 역시 겸손, 청정한 마음가짐, 적덕 등의 무위가 요구되는 사항이다. 그리하여 이 장 앞부분에서 완전한 혈의 작용을 말하기 위해, '무위를 행하면 일 처리도 자연스럽게 무위로 진행된다'고 말하고 있다. 성인과 일반인들의 일 성사에 있어서 차이는 실제로는 혈의 온전성에서 그 차별성이 있는 것이다.

제73장 피흉추길(避凶趨吉)과 진혈(眞穴) (20)

唯之與阿, 相去幾何?
유 지 여 아 상 거 기 하

<오로지 (도 기운은) 언덕에 흐른다. 어찌하여 (좋은 것과 나쁜 것이) 서로 같이 가는가?>

善之與惡, 相居若何?
선 지 여 악 상 거 약 하

<선한 기운과 나쁜 기운과 함께 가는데, 어떻게 서로 함께 있는가?>

人之所畏, 不可不畏.
인 지 소 외 불 가 불 외

<사람은 두려운 것이 있다. (이것은) 두렵지 아니할 수 없기 때문이다>

荒兮! 其未央哉.
황 혜 기 미 앙 재

<거칠구나! 그것이 아직 끝나지 않았구나!>

衆人熙熙, 如享太牢, 如春登臺.
중 인 희 희 여 향 태 뢰 여 춘 등 대

<많은 사람들은 제사용 희생가축 음식을 즐기고, 봄에 누대에 올라가 있는 것처럼 즐겁고 즐겁다>

我獨泊兮! 其未兆, 如嬰兒之未孩.
아 독 박 혜 기 미 조 여 영 아 지 미 해

<나는 홀로 담담하구나! 그것(나쁜 일)의 조짐이 아직 없다. 갓난애가 어린아이가 되지 않는 것과 같다>

儽儽兮! 若無所歸.
뢰뢰혜 약무소귀

<나약하구나! 돌아갈 곳이 없는 것과 같다>

衆人皆有餘, 而我獨若遺. 我愚人之心也哉!
중인개유여 이아독약유 아우인지심야재

<사람들은 모두 여유가 있지만, 나는 홀로 남겨진 듯하다. 나는 어리석은 마음을 가지고 있구나!>

沌沌兮! 俗人昭昭, 我獨昏昏.
돈돈혜 속인소소 아독혼혼

<아둔하구나! 일반인들은 (세상일에) 밝은데, 나는 홀로 어둡고 어둡다>

俗人察察, 我獨悶悶.
속인찰찰 아독민민

<일반인들은 (세상을) 살피고 살피는데, 나는 홀로 둔하고 둔하다>

澹兮! 其若海.
담혜 기약해

<출렁이는구나! 그것이 (나쁜 일 발생) 바다에서 물결이 출렁이는 것과 같다.>

飂兮! 若無止.
표혜 약무지

<회오리바람이 부는구나! 그칠 것 같지 않다>

衆人皆有以, 而我獨頑似鄙.
중인개유이 이아독완사비

<많은 사람들에게는 모두 (나쁜 일이 닥치는) 이유가 있다. 나는 홀로 변방마을과 같은 곳에서 완고하게 (회오리 바람을 피하고) 있다>

7. 도·혈(道·穴)과 인간과의 관계 281

> 我獨異於人, 而貴食母.
> 아 독 이 어 인   이 귀 식 모
> <나는 홀로 사람들과는 달라서 먹을 것을 마련해주는 식모(穴)를 귀하게 여긴다>

阿(아): 언덕. 여기서는 혈이 있는 언덕.
未央(미앙): 끝나지 않다.
儡(뢰): 나약하다. 초췌하다.
頑(완): 완고하다.
鄙(비): 변방마을.

의역 구성이 흐르는 道는 오로지 언덕에 있는 혈처에 이른다. 어찌하여 道에는 서로 좋은 기운과 나쁜 기운이 서로 같이 움직이는가? 선한 기운과 악한 기운이 용맥(道)을 통하여 혈에 함께 도달한다. 좋은 기운과 나쁜 기운이 서로 같이 혈로 유입된다면 어찌 되는가?

사람들이 두려워하는 바가 있다. 나쁜 일이 발생하는 것은 실로 두려운 일이다. 이 때문에 두려워하지 아니 할 수 없다. 거칠고 삭막하구나! 좋지 않는 구성 기운으로 나쁜 일들이 발생하는 것이 아직 끝나지 않았다.

많은 사람들은 제사용 희생 가축 음식을 즐기고 봄에 높은 누각에 소풍을 온 것처럼 즐겁게 지낸다. 지금 나는 흉한 일이 발생할 조짐이 없어서 홀로 담담하게 있다. 나쁜 일이 갓난아이가 어린아이가 되지 않는 것과 같이 아직 성숙되지 않아서 아직 발생하지 않고 있다. 돌아갈 거처가 없는 사람처럼 나약하고 초췌하다.

다른 사람들은 모두 여유가 있지만, 나는 홀로 남겨진 사람처럼 외롭다. 나는 어리석은 사람의 마음과 같다. 속인들은 모두 세상일에 밝은데, 나만 홀로 세상사에 둔하고 어두운 것 같다. 속인들은 세상일을 세세하게 관찰하지만, 나는 홀로 세상일에 아둔하고 답답하다.

갑자기 흉한 기운이 작동하여 바다에서 물결이 출렁이고 회오리바람이 부는데 금방 그칠 것 같지 않다.

세상 사람들에게 모두 이러한 회오리바람 같이 흉한 일이 생기는 것은 나름 이유가 있다. 나는 홀로 변방마을과 같은 곳에서 홀로 고집스럽게 흉기발산에 따른 회오리바람을 이기고 있다.

나는 홀로 사람들과는 다른 생각으로 먹을거리를 만들어주는 어머니로서의 혈(穴)을 귀하게 여긴다.

[해석] 노자는 이 장에서 흉한 일의 발생에 대비하여 언덕 용맥 위에 있는 천하혈, 국가혈, 지역혈, 가문혈, 음·양택 혈 등의 중요성을 강조하고 있다.

세상의 각종 혈에도 운에 따라 좋은 기운과 나쁜 기운이 작동할 때가 있다. 모든 혈들이 완전하지 않아서 길한 기운과 흉한 기운이 공존하기 때문이다. 세상 사람들은 각종 혈의 길흉 작용을 모른 채 세상을 사는 얕은 지혜만을 가지고 매사에 대처한다.

그러나 노자는 혈이 지닌 길흉을 알고 있기 때문에 앞으로 닥칠 재앙을 걱정하지만, 세상사람들은 이것을 모르고 희희낙락한다. 그러나 마침내 회오리바람과 같은 재앙이 세상 각종 혈들의 작용으로 닥친다. 노자는 회오리바람이 미치지 않는 변방 견고한 처소에서 이를 피하지만, 일반 사람들은 이를 피할 수 없다고 말한다.

이 장에서 노자는 세상 혈들의 흉한 기운을 피하고 이 흉기를 제어할 수 있는 혈들의 중요성을 식모(食母)로 비유하고 있다. 이 경우 지역혈, 가문혈, 음·양택 진혈 등을 얻는 것이 인간에 미치는 재앙을 약화하고 분란을 해소하는 지름길이라고 설파하고 있다. 반대로 일반인들이 얕은 지혜로만 흉(凶)을 피하려는 태도는 도의 원리를 모르는 잘못된 것이라고 비판하고 있다.

'실제로 훌륭한 각종 혈들은 흉한 구성 기운을 제거하고 생기를 공급해주는 원천이 된다.' 지역혈, 가문혈, 음양택 진혈 등을 얻으려면, 앞부분 장에서 노자가 지속적으로 강조하고 있는 적덕이 필수적으로 요구된다. 피흉추길을 위한 최선의 방책이 적덕을 통한 진혈을 얻는 것이다.

제74장 도(道)의 원리와 과욕에 의한 통치행위 (75)

民之饑, 以其上食稅之多. 是以饑.
민 지 기   이 기 상 식 세 지 다   시 이 기
<백성이 굶주리는 것은 통치자가 세금을 많이 거두기 때문이다. 이것으로 기아가 생긴다>

民之難治, 以其上之有爲. 是以難治.
민 지 난 치   이 기 상 지 유 위   시 이 난 치
<백성들을 다스리기가 어려운 것은 통치자가 유위를 행하기 때문이다. 그리하여 다스리기가 어렵다>

民之輕死, 以其上求生之厚. 是以輕死.
민 지 경 사   이 기 상 구 생 지 후   시 이 경 사
<백성들이 죽음을 경시하는 것은 통치자가 생명의 두터움을 구하기 때문이다. 그래서 죽음을 경시한다>

夫唯無以生爲者, 是賢於貴生.
부 유 무 이 생 위 자   시 현 어 귀 생
<무릇 단지 생명을 위하지 않는 사람이 생명을 귀하게 여기는 사람보다 현명한 것이다>

의역 백성들의 굶주림은 통치자가 자신을 위해서 세금을 너무 많이 걷기 때문이다. 그리하여 백성들이 굶주린다. 백성을 다스리기 어려운 것은 통치자가 도의 원리에 부합하지 않게 과욕을 부리는 유위(有爲)를 행하기 때문이다. 그래서 백성들을 다스리기가 어렵다.

백성들이 죽음을 경시하는 것은 통치자가 욕심으로 장수하기

를 원하기 때문이다. 그래서 백성들이 죽음을 두려워하지 않고 통치자에게 저항한다. 무릇 자연에 맡기고 목숨을 위하지 않는 사람이 목숨을 귀하게 여기는 사람보다 오히려 현명하다.

해석 이 장에서 노자는 자신의 욕심을 백성들의 이익보다 앞세우는 과욕의 행태가 도의 원리에 배치되는 것으로 비판하고 있다.

통치자가 자신의 이익을 우선시하는 과욕은 가렴주구, 무리한 유위(有爲)의 치세, 장수 추구 등의 부정적 현상으로 나타난다고 지적한다. 통치자 행태에 대응하여 백성들에게는 굶주림, 치세의 어려움, 죽음을 무릅쓴 저항 등의 반대현상이 나타난다.

자기 이익의 우선적 추구는 혈의 기운을 완전히 채우게 되면서 혈이 작동하지 못하고, 파군성과 같은 흉한 구성 기운을 만들어낸다. 따라서 '道의 원리에 부합하지 않기 때문에 흉한 일들이 다반사로 발생하게 된다'고 앞 장에서 충분히 설명하였다.

그러나 욕심을 능가하는 과욕(過慾)은 파군성보다 훨씬 흉악한 염정 구성 기운을 추동하기 때문에 과욕을 부리는 사람들에게는 극악무도한 흉사가 발생한다. 특히 과욕에 의한 통치는 염정성에 오염된 산알을 만들어서 기아, 백성들의 치열한 저항 등을 불러일으키게 된다.

따라서 이 장에서 노자는 사람들이 과욕으로 일을 추구하는 것은 도의 작동 원리에 맞지 않기 때문에 사람들의 과욕 자제를 주문하고 있는 것이다.

제75장 도(道)의 원리에 반하는 행위 (9)

持而盈之, 不如其已.
지 이 영 지   불 여 기 이
<유지하면서 채우는 것은 그것을 그만두는 것보다 못하다>

揣而銳之, 不可長保.
췌 이 예 지   불 가 장 보
<잘 재서 날카롭게 만든 것은 오래 보관할 수 없다>

金玉滿堂, 莫之能守.
금 옥 만 당   막 지 능 수
<금옥이 집에 가득하더라도 그것을 지킬 수 없다>

富貴而驕, 自遺其咎.
부 귀 이 교   자 유 기 구
<부귀하면서 교만하면 스스로 그 재앙을 남긴다>

功成身退, 天之道.
공 성 신 퇴   천 지 도
<공을 이루면 물러나는 것이 하늘의 도이다>

揣(췌): 재다.
驕(교): 교만하다.
咎(구): 재앙. 허물.

의역 어떠한 좋은 것을 지니면서 많이 채우려고 하는 것은 그 행동을 그만 그치는 것만 못하다. 칼을 잘 재서 날카롭게 만들어도 그것을 길게 보관할 수 없다. 금옥이 집에 가득 있어도 그것을 지킬 수 없다. 부귀가 있어도 교만하면 스스로 그 재앙을 남긴다. 공을 이루면 그 자리에서 물러나는 것이 하늘의 道이다.

해석 이 장에서는 노자는 道의 원리에 배치되는 행위의 부정적 결과에 대해 논하고 있다.

귀한 것을 더 채우려고 한다면, 혈 기능의 마비로 귀한 것을 더 이상 유지하지 못하는 상황에 이른다. 道에서 만들어진 穴이란 최대 80% 이상 기운이 꽉 차면 잘 작동하지 않기 때문이다. 더 얻으려면 덜어내고 나누어야 더 얻을 수 있기 때문이다.

날카롭게 갈아서 만든 병장기를 오랫동안 보관할 수 없는 이유는 병장기가 지닌 흉기가 발산되면서 소유자를 좋지 않는 상황으로 내몰기 때문이다.

금옥이 집안에 많이 있어도 금옥을 유지할 수 없는 이유는 지속적인 적덕행위가 없으면 이것을 제대로 지킬 수 없기 때문이다. 이것은 덕을 지속적으로 쌓지 않으면 재물 음덕혈 내부 정(精)이 점차 고갈되면서 재물혈의 작동력 약화를 초래, 재물이 점차 사라지게 되기 때문이다. 반대로 적덕이 지속되면, 덕이 재물혈 기운을 생해주면서 재물이 증가된다.

더욱이 부귀하면서 교만하면, 본인 경락에 흉한 파군성 기운이 흐르면서 흉한 산알을 생성, 재앙을 불러들이게 되기 때문이다.

특히 공덕을 세우고 몸을 뒤로 물리는 것이 하늘의 道라고 말한 것은 설사 공덕을 통하여 혼(魂)의 능력이 제고되었다고 할지라도 유전자 형질이 발현될 수 있는 천시(天時)가 도래하지 않으면 공덕에 대한 보상을 곧바로 받을 수 없기 때문이다.

이 장에서 노자는 인간의 행실과 처신은 모두 도의 원리에 부합되게 하라고 주문하면서, 이에 맞지 않는 행위는 도의 과학적 원리에 의해 사람들에게 나쁜 결과를 초래한다고 경고하고 있는 것이다.

제76장 살인 행위와 흉한 부도(不道) (74)

民不畏死, 奈何以死懼之?
민 불 외 사 나 하 이 사 구 지
<백성들은 죽음을 두려워하지 않는다. 어떻게 죽음으로 백성들을 두렵게 하겠는가?>

若使民常畏死, 而爲奇者, 吾得執而殺之, 孰敢?
약 사 민 상 외 사 이 위 기 자 오 득 집 이 살 지 숙 감
<만약 백성들로 하여금 항상 죽음을 두렵게 만들지라도 이상한 짓을 하는 사람들이 있다. 나는 잡아다가 그들을 죽인다면, 누가 감히 그렇겠는가?>

常有司殺者殺. 夫代司殺者殺. 是謂代大匠斫.
상 유 사 살 자 살 부 대 사 살 자 살 시 위 대 대 장 작
<늘 살인자를 죽이는 기관이 있다. 무릇 기관을 대신하여 살인자를 죽인다면, 이것은 목수를 대신하여 자귀질을 하는 것이라고 일컫는다>

夫代大匠斲者, 希有不傷其手矣.
부 대 대 장 착 자 희 유 불 상 기 수 의
<무릇 목수를 대신하여 자귀질을 하는 사람은 그 손을 다치지 않는 사람이 드물다>

斫(작): 베다. 자르다.
斲(착): 깎다.

의역 백성들이 죽기를 두려워하지 않는다면 어떻게 죽음으로 그들을 협박할 수 있겠는가? 만약 백성들로 하여금 죽음

을 두려워하게 만듦에도 불구하도 기괴한 짓을 하는 사람을 잡아 죽인다면, 누가 감히 그러한 일을 하겠는가?

항상 사람을 전문적으로 죽이는 기관이 있다. 무릇 이러한 사람을 대신하여 사람을 죽이는 것은, 말하자면 목수를 대신하여 자귀질을 하는 것과 같다. 이 경우 도의 원리에 어긋나서 그 손을 다치지 않는 사람이 드물다.

|해석| 이 장에서는 흉한 구성이 흐르는 부도(不道)로서 살인에 대해서 논하고 있다. 통치자가 덕으로 백성을 다스려도 흉악무도한 일을 행하는 사람이 있으면, 사법당국은 이 사람을 죽이기 위해 사형을 집행한다. 그러나 사형 집행자를 대신하여 타인이 분노나 다른 이유로 이 일을 담당한다면, 그 사람은 도의 원리에 어긋나서 상해를 입는다는 것을 언급하고 있다.

이것은 남을 죽이는 것이 상서롭지 못한 것임에도 불구하고 이를 행한다면 천도에 어긋나는 흉한 구성이 흐르는 부도(不道)라고 판단하기 때문이다. 살인에 대한 논의를 넓힌다면, 세상에 살인을 저지르는 사람이 있어도 이를 처단하는 사람은 분노를 지닌 일반 사람이 아니라 사법당국이라는 점을 이 장에서는 암묵적으로 강조하고 있기도 하다. 이 경우 사형을 직업적으로 수행하는 사람은 천도(天道)에 의해 혈맥에 흉한 구성이 흐르지 않는다.

7.4. 신체 건강과 노화의 부도(不道)

제77장 두터운 생명기운과 건강 (50)

出生入死.
출 생 입 사

<(사람은) 출생하면, 죽게 된다>

生之徒十有三, 死之徒十有三.
생 지 도 십 유 삼   사 지 도 십 유 삼

<(출생해서) 사는 무리가 십 분의 삼이고, 바로 죽는 무리가 십 분의 삼이다>

人之生動之死地, 亦十有三.
인 지 생 동 지 사 지   역 십 유 삼

<사람이 살다가 죽는 사람이 또한 십 분의 삼이다>

夫何故? 以其生生之厚.
부 하 고   이 기 생 생 지 후

<어떤 이유가 있는가? 사람들이 사는 것은 생명의 두터움이 있기 때문이다>

蓋聞善攝生者,
개 문 선 섭 생 자

<대개 섭생을 잘하는 사람에게 들으면,>

陸行不遇兕虎, 入軍不被甲兵.
육 행 불 우 시 호   입 군 불 피 갑 병

<땅으로 다녀도 외뿔소나 호랑이를 만나지 않고, 군대에 가서도 갑병에 의해 피격당하지 않는다>

兕無所投其角, 虎無所措其爪, 兵無所容其刃.
시 무 소 투 기 각   호 무 소 조 기 조   병 무 소 용 기 인

<외뿔소가 그 뿔로 받을 곳이 없고, 호랑이가 발톱을 사용할 곳이 없고 병사가 그 칼로 찌를 곳이 없다>

夫何故? 以其無死地.
부 하 고   이 기 무 사 지

<어떠한 이유가 있는가? 그들에게는 죽을 곳이 없기 때문이다>

兕(시): 외뿔들소.
措(조): 사용하다.

의역 사람들은 태어나면, 죽게 된다. 건강하게 태어난 사람들의 무리는 십 분의 삼이고, 태어나서 얼마 지나지 않아서 죽는 무리도 십 분의 삼이다. 사람들은 살면서 점차 죽음의 길로 들어서는 사람들도 십 분의 삼이다.

이것은 어떠한 까닭인가? 사람들이 죽지 않고 살아 있는 것은 그들의 생명기운이 두텁기 때문이다.

무릇 섭생을 잘하는 사람들로부터 듣기로, 땅에서 외뿔소나 호랑이를 만나지 않고, 군대에 들어가도 중무장한 병사에게 피격을 당하지 않는다. 외뿔소가 받을 곳이 없고, 호랑이가 발톱으로 할퀼 곳이 없다. 또한 그들은 병사의 병기를 받아들일 곳이 없다.

어떠한 까닭인가? 이들은 생명기운이 충만하여 죽을 장소가

없기 때문이다.

[해석] 이 장에서 노자는 건강 문제를 생명기운의 두터움 여부로 논하고 있다.

사람이 태어나서 죽는 여러 경우들을 논하면서 그 근본 원인은 육체원혈 및 그 하위 혈들의 생명 기운 강약에 있는 것으로 파악하였다. 전생의 작동으로 생명기운을 적게 받고 태어난 사람은 태어나자마자 죽을 수 있다. 생명기운을 두텁게 받고 태어난 사람은 어떠한 역경에 봉착해도 건강한 삶을 영위한다고 판단한다. 여러 가지 이유로 생명기운이 두터운 사람은 사지에서도 커다란 위험이 없이 살아남을 수 있는 것으로 파악한다.

육체 유전자 형질 발현에 있어서 육체 천지 혈로부터 들어오는 기운 가운데 천문의 몫은 약 70% 정도이고, 섭생에 의한 몫은 30% 정도이다. 육체건강은 단백질, 탄수화물, 지방 등의 영양소를 분해하여 활동 에너지로 쓰면서 유지된다. 이 경우 섭생을 통한 영양분 공급이 30% 정도이고, 천문기운으로 인한 영양소 생성 비율이 또한 30%정도이다. 나머지는 천문기운으로 산알을 생성하여 경혈 및 세포가 정상적으로 작동하게 하는 부분이 약 40% 정도이다. 이와 같이 섭생 여부도 건강 유지에 상당한 역할을 하고 있는 것으로 이해된다.

'인간의 육체적 생명기운은 전생의 삶에 의하여 일정 부분 타고 난다.' 그러나 전생의 선업 때문에 생명기운을 잘 타고 났어도 섭생을 잘못하면 생명기운이 점차 감소되면서 수명이 짧아지게 된다. 또한 삶의 여정에서 악한 행위를 해도 육체 음덕혈 기운을 감소시켜서 육체 생명기운이 약화되고 수명이 단축된다. 반대로 적덕이 거듭되면, 육체의 정(精)이 증가되면서 생명 기운이 증대된다.

이 장에서 노자는 다양한 요인에 의한 생명기운의 강약이 인간 신체 건강 상태를 규정한다고 말한다. 여기에서 생명 기운의 양질 결정에 있어서 섭생, 전생 및 현생에서의 적덕, 겸양·청정·분노자제 등의 정신 수양 여부가 지대한 역할을 한다고 암묵적으로 시사하고 있다(아래 장 참조).

우주 천혈에서 주변 성진이 100% 흉한 성진으로 구성된 영역으로 진행하거나 어떠한 성진도 없고 구성(九星) 기운도 없는 영역으로 진입하여 사망하는 것을 절대적 죽음이라고 볼 수 있다. 이러한 상황에 도달하기 전까지는 성진 구성 및 구성(九星) 기운도 모두 상대적으로 작용한다.

여기에서 업장의 발동으로 길한 성진 보다는 흉한 성진 기운을 많이 받아들이면, 병고에 신음하다가 사망에 이를 수 있다. 이 경우를 상대적 죽음이라고 부를 수 있다. 반면, 적덕으로 흉한 성진을 받아들이지 않고 길한 기운만을 수취하면, 몸은 그 전보다 상대적으로 약해지지만 커다란 병고에 시달리지 않는다. 이러한 사람도 주변 좋은 성진 기운이 모두 없어지면, 덕이 있어도 절대적 사망에 이른다.

인명재천(人命在天), 즉 사람 수명은 하늘에 있다는 말은 절대적 죽음을 말하는 것이지, 상대적 죽음을 지칭하는 말이 아니다. 절대적 죽음, 상대적 죽음 등의 여부는 모두 사람 행위 및 자세에 달려 있는 것이다. 상대적 죽음 안에서도 다양한 경우가 있다. 이것 역시 사람들이 삶을 대하는 태도 및 자세에 또한 달려 있다.

제78장 건강의 道와 노화의 부도(不道) (55)

含德之厚, 比於赤子.
함 덕 지 후   비 어 적 자

<두텁게 품은 덕은 갓난아이와 비유된다>

蜂蠆虺蛇不螫, 猛獸不據, 攫鳥不搏.
봉 채 훼 사 불 석   맹 수 불 거   확 조 불 박

<벌, 전갈, 살모사 등이 쏘지 않고, 맹수가 웅크리고 앉아서 노리지 않고, 맹금이 잡지 않는다>

骨弱筋柔而握固, 未知牝牡之合而朘作, 精之至也.
골 약 근 유 이 악 고   미 지 빈 모 지 합 이 최 작   정 지 지 야

<뼈가 약하고 근육이 유하지만 악력은 강하다. 음양교합은 알지 못하지만, 성기는 발기한다. 정(精)이 생성되있기 때문이다>

終日號而不嗄, 和之至也.
종 일 호 이 불 사   화 지 지 야

<종일 울어도 목이 쉬지 않는다. 화(和)가 있기 때문이다>

知和曰常. 知常曰明. 益生曰祥. 心使氣曰强.
지 화 왈 상   지 상 왈 명   익 생 왈 상   심 사 기 왈 강

<화(和)를 아는 것은 일반적인 법칙이라고 말한다. 법칙을 아는 것은 밝음이 있다고 말한다. 섭생으로 생기를 늘리는 것은 상서로운 일이라고 말한다. 마음이 기운을 부리는 것은 강함이 있다고 말한다>

物壯則老, 是謂不道.
물 장 즉 로   시 위 불 도

<만물은 장성해지면 노화된다. 이것은 부도(不道)로 일컬어진다>

不道무已.
부 도 조 이
<不道(부도)는 곧 사라진다>

蠆(채): 전갈; 虺(훼): 살모사; 攫鳥(확조): 맹금.
螫(석): 쏘다.
朘(최): 갓난아이 음부.
嗄(사): 목이 쉬다.

의역 적덕이 두터운 것은 바로 갓난아이와 비유된다. 두터운 적덕을 지닌 영아는 벌, 전갈, 살모사 등의 독충이 쏘지 않고, 맹수가 웅크리고 앉아서 노리고 있지 않으며, 맹금이 잡으려고 공격하지 않는다.

갓난아이는 골격이 약하고 근육은 부드럽지만, 악력은 강하다. 음양교합을 알지 못하지만, 육체적 기운은 온전하다. 이것은 육체의 정(精)이 상당한 정도에 이르렀기 때문이다. 종일토록 울어도 목이 쉬지 않는다. 기운의 조화로움이 일정 정도에 이르렀기 때문이다.

오장육부, 12경락 등의 기운 조화를 아는 것은 원래 일반적인 법칙(常)이고, 이 법칙을 알면 도의 이치를 아는 밝음(明)이 있다고 말한다. 섭생으로 육체 생기를 늘리는 것은 상서로운 일이라고 말한다. 또한 道에 부합하는 겸양·청정(淸靜)한 마음으로 기운을 부리는 사람은 강하다고 말한다.

만물은 장성해지면서 점차 노화의 길로 들어선다. 이것을 일컬어서 부도(不道)라고 말한다.

부도(不道)는 녹존, 파군 등의 흉한 구성의 영향으로 빨리 죽는다.

해석 이 장에서 노자는 적덕·섭생·수양으로 건강을 유지하는 방법과 함께 육체가 노화되는 부도(不道)에 대하여 논하고 있다.

덕(德)이 만물을 생하기 때문에 육체적 차원에서 적덕이 두터운 사람은 갓난아이와 비유된다. 갓난아이는 음덕혈 육체 정(精)을 아직 소비하지 않았기 때문에 육체 적덕 기운이 좋은 것으로 평가한다. 이러한 이유로 맹수나 독충이 공격하지 않는다.

또한 육체 기운이 좋으려면 오장육부의 조화, 12경락 기운의 조화가 필수적으로 요구된다. 오장육부의 조화란 각 장부가 홀로 독립적이 아니라 다른 장부의 상호관계에 의해 작동하기 때문이다. 예컨대 간장 문제는 간장 자체 문제라기보다는 다른 장부의 작동력 약화로 인해 발생하기 때문이다. 따라서 오장육부 및 12경락 간의 조화 문제는 육체를 원활하게 작동시키기 위해 필수적으로 인식이 요구되는 항목인 것이다.

그 다음으로 오장 육부의 화(和)를 위해서는 익생(益生)으로 표현된 섭생, 마음이 기운을 부리는 차원의 마음자세(겸양·청정·분노자제), 적덕 행위 등의 세 가지가 육체의 생명 기운을 올리는 육체적 道로 언급한다.

장성하면서 노화가 진행되는 것은 섭생 문제, 기운을 나쁘게 하는 마음자세, 최종적으로는 패덕 여부, 음양택 문제 등을 거론할 수 있다. 앞에서 거론한 문제가 해결되지 않으면, 유전자 내부 DNA에 메틸기(CH_3) 같은 이물질이 붙게 되면서 유전자 형질 발현을 억제하거나 흉한 산알을 생성하고 나쁜 RNA를 만든다. 이 메틸기는 녹존, 파군 등과 같은 흉한 구성으로 만들어져 있다.

노화를 방지하기 위해서는 지속적인 적덕 행위, 분노자제·청정한마음 수양, 슬기로운 섭생, 좋은 음양택 등이 반대로 요구된다고 하겠다. 특히 이 중에서도 적덕이 아닌 패덕 행위는 혼백(魂魄)에 내재된 흉한 유전자를 발동시켜, 노화를 빨리 진행시키면서 심각한 위해를 육체에 가할 수 있다. 따라서 적덕이 거듭되면, 마음 수양은 저절로 되고 섭생이나 음·양택 선정도 인연 따라 자연적으로 이루어진다고 볼 수 있다.

7.5. 도(道)의 원리와 전쟁 수행

제79장 군사에 대한 인식 문제와 전쟁수행 태도 (31)

夫兵者, 不祥之器, 物或惡之.
부 병 자 불 상 지 기 물 혹 오 지
<무릇 병사라는 것은 상서롭지 못한 것이다. 그것을 없애든가 좋아하지 말라>

故有道者不處. 君子居則貴左, 用兵則貴右.
고 유 도 자 불 처 군 자 거 즉 귀 좌 용 병 즉 귀 우
<고로 도가 있는 사람은 (그런 곳에) 머물지 않는다. 군자는 좌편을 귀하게 여겨 머물고, 용병(用兵)은 우편을 귀하게 여긴다>

兵者不祥之器, 非君子之器.
병 자 불 상 지 기 비 군 자 지 기
<군사라는 것은 상서롭지 못한 기구여서 군자가 쓰는 것이 아니다>

不得已而用之, 恬淡爲上.
부 득 이 이 용 지 념 담 위 상
<부득이 하게 사용한다면, 고요함과 담백함을 상책으로 삼는다>

勝而不美, 而美之者, 是樂殺人.
승 이 불 미 이 미 지 자 시 락 살 인
<승리해도 미화하지 말고, 미화하는 사람은 살인을 즐겨 한다>

夫樂殺人者, 則不可得志於天下矣.
부 락 살 인 자 즉 불 가 득 지 어 천 하 의
<무릇 즐겨 사람을 죽이는 사람은 천하에서 뜻을 펼칠 수 없다>

吉事尙左, 凶事尙右.
길 사 상 좌   흉 사 상 우

<길한 일은 좌편을 숭상하고, 흉한 일은 우편을 숭상한다>

偏將軍居左, 上將軍居右.
편 장 군 거 좌   상 장 군 거 우

<편장군은 좌편에 있고, 상장군은 우편에 있다>

言以喪禮處之.
언 이 상 례 처 지

<상례로서 전쟁에 임하라고 말한다>

殺人之衆, 以哀悲莅之.
살 인 지 중   이 애 비 리 지

<살인하는 무리는 비애를 가지고 전쟁에 임해야 한다>

戰勝以喪禮處之.
전 승 이 상 례 처 지

<전쟁에 승리하더라도 상례로서 처신하라>

物(물): 버리다. 없애다. 歿(몰)과 같은 의미로 없애다는 뜻.
恬(념): 조용하다. 고요하다.
莅(리): 임하다.

의역 무릇 군사는 상스럽지 못한 흉기이다. 따라서 그것을 버리거나 좋아하지 말라. 따라서 道가 있는 사람들은 그러한 곳에 머무르지 않는다. 군자가 머무르는 곳은 청룡 목(木)의 인자한 기운이 있는 왼편이고, 군자는 이러한 자애와 인(仁)이 존재하는 곳을 귀하게 여긴다. 군사관계 사람은 강한 무력 금(金)

기운이 있는 우측 백호방을 귀하게 여긴다.

군사라는 것은 녹존, 파군 등의 흉한 구성 기운으로 상서롭지 못하기 때문에 군자가 좋아하고 취할 바가 아니다. 부득이하게 그것을 사용해도 고요하고 담담한 마음으로 행사하는 것이 흉한 구성의 발동을 억제하여 그나마 상책이 된다. 설사 용병으로 상대를 이겼다고 할지라도 그것을 미화하지 말라.

전쟁 승리를 미화하는 사람은 사람 죽이기를 즐겨 하는 사람이다. 무릇 살인을 즐겨하는 사람은 흉한 구성 기운의 발산으로 세상에서 자신의 뜻을 펼칠 수 없다. 좋은 일은 좌편 청룡의 인자로움을 숭상함으로써 생겨나고 흉한 일은 우편 백호의 흉폭한 것을 숭상함으로써 발생한다. 따라서 상장군을 보좌하는 편장군은 왼편에 자리 잡고, 용병을 직접 지휘하는 상장군은 오른편에 자리를 차지한다.

또한 군대는 초상의 의례로서 전쟁에 임해야 한다. 사람을 죽이는 병사들은 애통하고 슬퍼하는 마음으로 전쟁에 임해야 한다. 전쟁에 이기더라도 초상의 의례를 가지고 죽은 상대방을 예우해주어야 한다.

해석 이 장에서 노자는 군대 또는 전쟁이라는 것은 내재된 흉한 구성 기운 때문에 상서롭지 못한 것으로 평가한다. 따라서 그러한 것을 버리거나 좋아하지 말라고 요구한다. 부득이 전쟁을 한다면 담백한 마음으로 임하고 승리를 미화하지 않도록 경계한다. 더욱이 전쟁에서 죽은 사람들을 초상의 예의를 가지고 대우할 것을 요구한다. 그렇지 않으면 관계자들의 제반 혈에 흉한 구성이 들어오면서 흉사가 발생하기 때문이다.

이 장에 깔린 천문·지리적 배경으로는 군대 내지 전쟁을 유발시키는 혈에는 녹존, 파군, 염정 등과 같은 흉한 구성 기운이 들어오기 때문에 가능하면 이러한 것을 버리거나 멀리 하라고 한 것이다. 부득이 전쟁에 임할지라도 담담한 마음을 지니라는 것은 군대 및 전쟁을 유발하는 녹존, 파군 등의 흉기가 발동하지 못하도록 가능한 한 순화시키라는 주문이다.

승리를 미화하거나 죽은 사람을 상례의 마음으로 대우하지 않을 경우 해당되는 사람은 유전자에 녹존, 파군 등의 흉기의 피폭으로 인해 필요 유전자 형질 발현을 억제하거나 흉한 산알을 생성함으로써 세상에서 그 뜻을 펼치지 못하게 되는 것이다.

이 장에서 노자는 군사, 전쟁 등의 기운이 기본적으로 흉한 구성 기운이기 때문에, 이것에 대한 접근을 삼갈 것을 주문한다. 부득이하게 한다면, 담담한 마음으로 예의를 지닌 태도로 임하는 것이 그렇지 않는 경우보다 상대적으로 청정한 기운을 유지하여 관계자들에게 보탬이 된다는 것을 도의 원리에 입각하여 설명하고 있다.

제80장 무위(無爲)의 용병(用兵)과 전쟁수행 자세 (69)

用兵有言.
용 병 유 언
<용병에 대해 할 말이 있다>

吾不敢爲主, 而爲客. 不敢進寸, 而退尺.
오 불 감 위 주   이 위 객   불 감 진 촌   이 퇴 척
<나는 감히 주인이 되지 않고, 손님이 된다. 감히 일촌 진격하지 않고 일척 후퇴한다>

是謂行無行.
시 위 행 무 행
<이것은 행하시 않음으로써 행하는 것이라고 말한다>

攘無臂, 仍無敵, 執無兵.
양 무 비   잉 무 적   집 무 병
<팔이 없는 듯이 들어 올리고 적이 없어도 당기고, 병사가 없어도 잡는다>

禍莫大於輕敵, 輕敵幾喪吾寶.
화 막 대 어 경 적   경 적 기 상 오 보
<화는 적을 경시하는 데에서 막대하게 만들어진다. 적을 경시하는 것은 상당 정도로 나의 보배를 죽게 만든다>

故抗兵相加, 哀者勝矣.
고 항 병 상 가   애 자 승 의
<고로 저항하는 병사가 서로 늘어나면, 불쌍히 여기는 측이 승리한다>

仍(잉): 당기다.
幾(기): 매우, 대단히.

의역 용병에 대해 할 말이 있다.

나는 용감하게 공격하는 주인이 아니라 방어하는 손님이 된다. 한촌도 진격하지 않고 일척 후퇴한다. 방어 위주로 전쟁을 수행한다면 전쟁수행 능력이 증대되기 때문에 이것을 일컬어 행함이 없이 행한다고 말한다. 팔이 없는 것처럼 팔을 들어 올리고, 대적하지 않고 상대를 끌어당기고, 병사 없이도 상대를 사로잡는다.

적을 경시하는 것처럼 화가 막대한 것은 없다. 적을 경시하면 전쟁수행 능력의 약화를 초래하기 때문에 나의 병사들을 많이 죽게 한다. 더구나 군사들이 맞서다가 서로 전면전을 벌인다면, 상대를 불쌍하게 여기는 쪽이 도의 원리에 따라 적정 기운을 만들기 때문에 승리하게 된다.

해석 이 장에서 노자는 전쟁의 용병술을 도의 원리에 맞는 방어 위주의 무위(無爲)로 행하라고 주문한다. 무위의 용병술이 전쟁 수행에 알맞은 기운을 만들기 때문이다. 상대를 이기겠다는 의도는 자연적인 전쟁 수행 능력을 약화시킨다.

공격 보다는 방어가 전쟁 기운을 적절한 수준으로 유지하게 만든다. 공격은 나쁜 구성의 작용을 불러들여서 기운을 탁하게 만들기 때문에 가능하면 용병술로 직접 대적하지 않는 전투 수행이 도의 원리에 부합된다고 말한다. 현대 안보적 관점에서는 이것을 공격이 아닌 전쟁을 억제하다는 의미에서 억지력(deterrence)이라고 말한다.

팔이 없는 것처럼 들어 올린다는 말(攘無臂)은 전쟁을 수행하더라도 상대와의 은밀한 협상을 통해 갈등을 해결한다는 말이다. 적이 없어도 당긴다는 말(仍無敵)은 막강한 전쟁수행 능력으로 상대에게 협상을 유도한다는 것이다. 병사가 없어도 잡는다는 말(執無兵)은 이러한 전쟁수행능력으로 상대의 양보내지 항복을 유도한다는 말이다.

그러나 상대방을 경시하는 것은 전쟁 수행기운을 극히 약화시키면서 많은 희생을 치르게 한다. 이러한 상대 경시 자세는 전쟁수행 기운에 천문기운의 불충분한 축기로 인해 쭉정이 기운을 만들기 때문이다.

적과 전면전을 벌일 경우 상대를 불쌍하게 여기는 쪽이 자애의 마음으로 길한 구성 기운을 생성함으로써 전투에서 승리하게 된다. 상대를 불쌍히 여기는 마음은 전쟁수행 기운의 파장수를 높이지 않고 전쟁 수행 기운을 적절한 상태로 유지시키기 때문이다.

이 장에서 노자의 용병술을 축약한다면 다음과 같다.

전쟁을 수행할 때, 공격 위주 용병술은 전쟁 구성기운을 흉한 구성으로 전환시켜서 전쟁에 패배하게 만든다. 방어 위주의 용병술은 막강한 전쟁 수행능력이 필요하다. 이러한 막강한 전쟁수행 능력으로 상대방과 협상을 유도하고 상대방의 양보 내지 항복을 유도해낸다. 또한 상대방 경시는 전쟁 기운의 축기 부족으로 전쟁에서 패하게 만든다. 이 때문에 노자는 이와 같이 도의 원리에 맞는 용병으로 전쟁에 임할 것을 요구하고 있다.

제81장 장수의 전쟁 덕목: 부쟁지덕(不爭之德) (68)

善爲士者不武, 善戰者不怒.
선 위 사 자 불 무   선 전 자 불 노
<잘 싸우는 사람은 싸우지 않고, 전쟁을 잘 하는 사람은 분노하지 않는다>

善勝敵者不與, 善用人者爲之下.
선 승 적 자 불 여   선 용 인 자 위 지 하
<적을 잘 이기는 사람은 직접 대적하지 않는다. 사람을 잘 쓰는 사람은 다른 사람들의 아래에 있다>

是謂不爭之德, 是謂用人之力.
시 위 부 쟁 지 덕   시 위 용 인 지 력
<이것을 일컬어 싸우지 않는 덕이라고 말한다. 이것을 용인의 힘이라고 말한다>

是謂配天古之極.
시 위 배 천 고 지 극
<이것은 하늘 원리를 안배해서 옛날부터 내려오는 원리라고 말한다>

與(여): 상대하다.

의역 뛰어난 장수는 싸움을 하지 않고, 전투를 잘하는 사람은 기운 악화를 초래하는 분노를 표출하지 않는다. 적을 잘 제압하는 사람은 전투력 기운 악화를 초래하는 정면 대응을 하지 않으며, 용인술이 뛰어난 사람은 자신을 낮추어 병사들의 협력을 끌어낸다.

이것을 일컬어 다투지 않는 부쟁지덕(不爭之德)이라고 말한다. 이것은 동시에 용인(用人)을 잘 하는 힘이라고도 말한다. 이것은 전쟁과 관련된 하늘의 섭리에 부합하는 것이라고 말한다.

해석 이 장은 전쟁 상황에서 장수가 전투에 임하는 자세를 논하고 있다. 여기에서 가장 적절한 자세는 다투지 않고 승리하는 부쟁지덕(不爭之德)이라고 강조하고 있다.

뛰어난 장수는 상대와 싸우지 않고 상대방의 양보를 얻거나 항복을 유도한다. 이것은 앞장에서 논하는 것처럼 막강한 전쟁수행 능력의 보유를 통하여 상대방을 직접 공격하지 않고 협상을 통하여 상대의 양보내지 항복을 유도해 낸다는 의미를 갖고 있다. 적과 직접 상대하더라도 기운을 악화시키는 분노를 억제하고 담담한 마음자세로 임해야 한다고 언급한다.

또한 장수는 부하에게 겸손한 태도를 보여서 부하들의 협력을 구하는 용인술을 지녀야 한다고 강조한다.

이러한 장수의 전쟁 덕목은 상대방과 직접 대적하지 않고도 이기는 부쟁지덕(不爭之德)이다. 직접 전쟁을 수행하면, 수많은 인명 살상, 난민의 발생, 국토의 황폐 등의 상황을 초래하게 되기 때문에 싸우지 않고 이기는 덕목이 우선적으로 요구된다는 것을 시사한다.

이러한 측면에서 싸우지 않고 이기는 부쟁지덕은 살상을 하지 말라는 하늘의 섭리를 반영한 것이라고 도덕경은 말하고 있다.

색인

ㄱ

가문혈 40, 92, 93, 97, 100, 117, 128, 152, 283, 284
감위(敢爲) 7, 8, 40, 44, 102, 138, 225, 236, 245
강해(江海) 167, 168, 169
거문 19, 24, 36, 85, 92, 104, 107, 113, 119, 121, 169, 196, 203, 212, 236, 262
검약 44, 135, 136, 137, 138
겸양 37, 41, 49, 102, 125, 128, 138, 150, 168, 169, 175, 212, 218, 295, 298, 299
경락 6, 21, 24, 36, 59, 100, 128, 148, 203, 239, 241, 260, 263, 265, 266, 269, 272, 288, 298, 299
고주파 104, 113, 114, 195, 196
곡(谷) 21, 25
곡신 25, 26
골지체 59, 69, 71, 74, 76, 80, 81
공공선 8, 61, 62, 63, 168, 274, 275
구성(九星) 5, 17, 18, 19, 21, 53, 76, 148, 295
국가혈 40, 46, 55, 72, 92, 97, 100, 117, 123, 128, 171, 184, 185, 194, 197, 232, 244, 248, 249, 283
국제관계 190, 191, 192, 193, 194, 195, 196, 197

길성(吉星) 19, 232
길운(吉運) 117
길혈(吉穴) 41
길흉화복 5, 7, 36, 45, 72, 77, 93, 94, 152, 272

ㄴ

노화 14, 112, 113, 292, 297, 299, 300
녹존 19, 24, 55, 85, 113, 148, 196, 203, 236, 242, 272, 300, 304

ㄷ

단백질 33, 52, 59, 71, 73, 74, 76, 80, 81, 82, 84, 85, 109, 211, 294
대간룡 54, 55, 92, 93
대도(大道) 35, 36, 48
대혈(大穴) 28, 35, 36, 122
덕치(德治) 245, 246
덕행 14, 51, 76, 78, 93, 97, 102, 137, 144, 147, 151, 160, 203, 214, 221, 232, 249, 270, 273, 288
도간(道竿) 53, 54
도·혈 6, 8, 14, 22, 37, 41, 51, 93, 95, 99, 114, 116, 132, 138, 160, 203, 236, 251, 253, 260, 263, 270

ㄹ

래룡(來龍) 69
리보솜 52, 59, 69, 71, 73, 80, 81, 84, 109, 211
리소좀 59, 71, 74, 76, 80, 81

ㅁ

면역천문 118, 119, 120, 121
면죄 95, 97
무곡 19, 24, 36, 85, 104, 107, 110, 113, 137, 169, 196, 203, 212, 236, 262
무기(無機) 26
무명혈(無名穴) 18
무위(無爲) 7, 14, 22, 44, 76, 78, 80, 81, 101, 102,145, 174, 231, 235, 236, 237, 274, 275, 305, 306
문곡 19, 24, 36, 113, 148, 203, 212, 236
물(物) 5, 21, 22, 72
미토콘드리아 59, 69, 71, 74, 80, 81

ㅂ

백(魄) 72, 73, 159
백제(白帝) 171
보조성 14, 226, 227, 276, 277, 278, 279
복명 61, 62, 63
본원혈 23, 24, 28, 34, 56, 58, 59, 60, 62, 63, 64, 92, 164, 165, 179
부도(不道) 14, 104, 111, 113, 114, 290, 291, 292, 297, 299
부성 155, 226, 278, 279
부쟁지덕(不爭之德) 108, 109, 167, 310
분자생물학 7, 52
불곡(不穀) 127, 271
불영(不盈) 31, 32, 265
비도(非道) 19, 53, 55, 239
빈(牝) 21, 25, 168

ㅅ

4대 22
산알 52, 59, 80, 81, 82, 84, 85, 171, 233, 237, 286, 288, 294, 300, 304
삼재(三才) 24, 29, 30
상(象) 5, 21, 22, 34, 71, 72, 106
상선(上善) 108
상제(象帝) 32, 34
선신(善神) 211, 212
섭생 160, 292, 293, 294, 295, 297, 298, 299, 300
성인(聖人) 8, 37, 199, 201, 231
성진(星辰) 23, 85
성현혈 40, 97
세계혈 40, 72, 92, 152
세포소기관 5, 22, 59, 71, 72, 74, 79
소전체 4

소포체 59, 69, 71, 73, 76, 80, 81, 82
수구(水口) 39, 69, 165
수양 7, 9, 14, 22, 37, 49, 81, 82, 93,
　　　152, 231, 234, 236, 258, 260,
　　　263, 295, 299, 300
습명(襲明) 220
습상(習常) 165
신(信) 5, 21, 22, 52, 72, 84, 109
실덕(失德) 51, 128, 153

ㅇ

양택 6, 40, 54, 55, 97, 100, 117, 124,
　　　128, 150, 152, 166, 183, 186,
　　　263, 283, 284, 300
엑손(exon) 33
염정 19, 24, 36, 85, 104, 113, 121, 148,
　　　196, 203, 212, 236, 286, 304
영혼 6, 8, 14, 22, 34, 42, 49, 58, 59,
　　　60, 62, 63, 64, 72, 73, 186,
　　　189, 206, 239, 256, 258, 259
오행 23, 24, 33, 52, 69, 84, 121, 132,
　　　133, 151, 152, 238
오행혈 33, 132, 133, 151, 152
용맥(龍脈) 21
용병(用兵) 14, 301, 305
용신(龍神) 26
우필 19, 24, 36, 85, 107, 110, 113, 169,
　　　203, 236, 262, 272
원맥(元脈) 69
원혼(元魂) 62, 63
유기(有機) 26

유명혈(有名穴) 18
유위(有爲) 7, 8, 102, 134, 145, 155,
　　　156, 225, 229, 236, 245, 274,
　　　275, 285, 286
유전자 5, 22, 41, 52, 71, 77, 81, 84,
　　　97, 100, 114, 134, 142, 155, 206,
　　　221, 245, 262, 278, 294, 304
유전자형질 76, 300
유전체 5, 22, 31, 34, 56, 59, 71, 72,
　　　77, 104
윤회 8, 56, 58, 60, 61, 62, 63, 222
음덕(陰德) 77
음·양택 40, 54, 55, 97, 117, 150, 166,
　　　183, 186, 263, 283, 284, 300
음택 97, 150, 187, 188, 189
음혈 191, 192
인도(人道) 6, 21, 24
인등(引燈) 34
인트론(intron) 33
인혈(人穴) 21, 29, 57, 58, 115

ㅈ

자미원 77, 85, 92, 93, 144, 151, 170,
　　　171, 172, 180, 206, 262
자미원국 92, 93, 170, 171, 172, 180,
　　　262
자애 109, 122, 123, 135, 136, 137, 138,
　　　247, 248, 302, 307
자웅(雌雄) 178
저주파 102, 114, 195, 262, 263
적덕 7, 22, 42, 55, 78, 81, 94, 100,

114, 124, 155, 160, 180, 187,
201, 219, 244, 260, 275, 279,
284, 295, 298, 299, 300
전생 58, 60, 97, 189, 294, 295
전쟁 14, 54, 55, 186, 268, 269, 301,
302, 303, 304, 305, 306, 307,
308, 309, 310
정기신 52, 81, 211, 212
정(精) 5, 21, 22, 52, 72, 152, 211, 288,
295, 297, 298, 299
좌보 19, 24, 36, 85, 107, 110, 113, 169,
203, 236, 262
주성 155, 226, 278, 279
중심립 74, 80, 81
지도(地道) 5, 6, 21
지방 59, 73, 74, 294
지역혈 40, 92, 100, 117, 128, 152,
283, 284
지자(知者) 42
지족(知足) 7, 14, 229, 264, 266,
267, 268
지지(知止) 14, 264, 266, 267
지혈(地穴) 21, 29, 57, 58, 69, 117,
159, 272
지혜 39, 122, 123, 145, 158, 220, 221,
231, 233, 239, 243, 244, 245,
246, 247, 248, 258, 283, 284
진리 4, 7, 9, 10, 42, 63, 85, 102, 107,
142, 229, 236, 237, 273, 275
진혈(眞穴) 14, 55, 152, 156, 166, 262,
277, 280

ㅊ

천광(天光) 39, 165
천도(天道) 5, 6, 21, 44, 138, 144, 148,
213, 214, 259, 291
천망(天網) 43
천문 9, 10, 20, 48, 94, 109, 118, 119,
120, 218, 219, 225, 226, 227,
228, 263, 266, 294, 304, 307
천문지리 9, 10, 19, 55, 94, 109, 166,
215, 218, 219, 220, 221, 222,
225, 227, 228, 229, 248
천문지리서 10
천시원 85, 170, 171, 172, 180
천시원국 171, 172, 180
천지인(天地人) 29, 30
천지혈 33, 77, 102, 239, 269, 271,
272
천하 8, 14, 39, 75, 80, 92, 96, 101,
116, 125, 135, 151, 152, 163, 169,
177, 181, 190, 207, 221, 227,
247, 274, 276, 277, 283, 301
천하혈 46, 49, 81, 97, 123, 152, 163,
169, 170, 175, 187, 188, 190,
208, 211, 221, 233, 239, 283
천혈(天穴) 21, 28, 29, 57, 58, 69,
116, 272
천황대성(天皇大星) 171
청정(淸靜) 99, 298
취혈(取穴) 38, 40
치세 230, 231, 232, 234, 238, 239,
243, 247, 286

ㅌ

탄수화물 59, 73, 74, 294
탐랑 19, 24, 36, 85, 104, 107, 110, 113, 137, 169, 196, 203, 212, 236, 262, 272
태미원 170, 171, 172, 180
태미원국 171, 172, 180

ㅍ

파군 19, 24, 36, 55, 85, 104, 113, 148, 169, 196, 203, 212, 236, 242, 266, 272, 286, 299, 303, 304
패더 30, 41, 52, 54, 55, 77, 78, 82, 83, 84, 85, 97, 104, 123, 214, 300
풍수 5, 6, 21, 55, 121, 220, 221
피흉추길(避凶趨吉) 14, 280

ㅎ

핵소체 5, 22, 52, 59, 69, 71, 72, 73, 80, 81, 84, 85, 108, 109
현공대괘 220, 221
현덕(玄德) 244, 246
현동(玄同) 39, 40
현빈(玄牝) 26
현생 60, 189, 256, 295
혈(穴) 5, 6, 19, 20, 25, 26, 31, 40, 43, 48, 50, 65, 67, 71, 72, 87, 89, 122, 156, 161, 166, 215, 283

형이상학 5, 6, 21, 56, 58, 93, 96, 97, 107, 256
혼(魂) 5, 6, 7, 31, 34, 49, 59, 63, 71, 72, 73, 151, 179, 203, 209, 232, 259, 289
화광혈(和光穴) 32, 33
화광(和光) 31
화복(禍福) 7, 118, 119, 120
화혈(花穴) 156
회룡고조격 48
흉광(凶光) 33
흉성(凶星) 19
흉신 33, 210, 211, 212
흉운(凶運) 51, 226, 269
흉혈(凶穴) 36, 42
흑광혈(黑光穴) 33